Wulfing von Rohr und Gayan S. Winter
Tarot der Liebe

Abbildungen der Tarotkarten der Großen Arkana
finden Sie auf den der Seite 48 folgenden Farbtafeln.

Ein vollständiges Set der Tarotkarten
finden Sie am Buchschluß.

Wulfing von Rohr
und Gayan S. Winter

Tarot der Liebe

Mit den neuen Karten
für positive Lösungen
in Partnerschaft und Freundschaft

Gestaltung
der Tarotkarten von
Marcia Perry

Lizenzausgabe des Deutschen Bücherbundes GmbH & Co.
Stuttgart München
mit Genehmigung der Ariston Verlag AG, Genf

Satz: Uhl + Massopust, Aalen
Gesamtherstellung: Wiener Verlag, Himberg bei Wien
281/09108 2

Inhalt

Wie ich zu Tarot kam

Schon als kleinem Kind zeigte mir meine Mutter, wie man Karten legt. Sie hielt zum Beispiel zehn Karten verdeckt in ihrer rechten Hand; dabei fühlte sie mit ihrer linken Hand meinen Puls. Dann sandte sie mir über den Puls und die Kraft ihrer Augen den »Hinweis«, welche Karte ich »blind« ziehen sollte.

»Zieh das Herzas!« sagte sie, und ich zog. Es war das Herzas! Wir übten das wohl viele tausend Male. Dann erklärte sie mir unterschiedliche Legetechniken: so etwa Vergangenheit–Gegenwart–Zukunft, Ich–Du, den großen Kartenkreis und Schicksalssysteme.

Wir übten Deutungen und sogar Prognosen. Meine feine, sensitive Fähigkeit, Kartenbilder, Gemütsverfassung und Augenblickssituation intuitiv als Ganzes wahrzunehmen und zu deuten, wurde so jahrelang entwickelt und geschärft.

In diesen Kinder- und Jugendjahren wurde in mir das Fundament für einen sinnvollen Umgang mit Karten gelegt. In diese Zeit fiel die erste Bekanntschaft mit Tarot, dem faszinierend vielschichtigen und farbigen Kartenspiel rund ums pralle Menschenleben, um Geburt, Schicksal und Tod, um Hoffnung, Glück und bewußte Geistigkeit.

Es folgten Jahre, in denen ich mich stark nach außen wandte – im Laufe einer ungewöhnlichen Karriere als Fotomodell und Schauspielerin. »Meine« Karten hatte ich immer mit dabei, um mir selbst zu helfen. Darauf folgten: eine Ehe in der Abgeschiedenheit Siziliens, spirituelle Suche, neue Erfahrungen mit Gurus und dem Leben im Ashram; Ausbildung in Primärtherapie, Bioenergetik, Gestalttherapie, Meditation – die Auseinandersetzung zwischen Individuum und Gruppe, zwischen Mensch und Natur, zwischen Seele und Gott. Ich schrieb *»Wenn das Herz frei wird«*, *»Die erwachende Göttin«* und *»Die neuen Priesterinnen«*.

Es ging um Sinn. Tarot schien dabei keine besondere Rolle zu spielen.

Meine australische Freundin MANGLA, selbst Therapeutin und Tarotexpertin, schenkte mir dann – mitten in meinem Umzug von Europa nach Santa Fe, im Umbruch in meiner Partnerschaft, zwischen Reisen von einem Workshop zum anderen und beruflicher Neuorientierung – ein energiegeladenes Tarotdeck: die *Crowley*-Karten.

Ich begann wieder, mit Karten zu arbeiten. Tarot gewann für mich eine neue Bedeutung: als faszinierendes Mittel, »instant insight« – direkte Ein-Sicht – auch solchen Menschen zu vermitteln, die sich sonst in der Auseinandersetzung mit Emotionen, Partnerschaft, Familie oder ihrer Selbstfindung schwertaten. Ich konnte Tarot sinnvoll mit der therapeutischen Arbeit in meinen Seminaren und Einzelsitzungen verbinden und entdeckte, daß ich über Tarot – auch ohne gruppendynamische oder individuelle kathartische Prozesse – viel Positives in Gang setzen konnte.

Dazu benötige ich selbst die Karten im Grunde überhaupt nicht. Denn in dem Moment, in dem ich die Karten für mich oder einen anderen lege oder ziehe, in dem Augenblick also, in dem ich mich auf eine Problematik einstelle, »fühle« ich bereits die »inneren« Bilder und Antworten.

Zu »sehen« oder zu »fühlen« war mir zur zweiten Natur geworden – die Tarotkarten dienten und dienen mir persönlich als äußere Bildgestalt innerer Impulse und Vorgänge.

In den letzten Jahren meiner Tarotarbeit habe ich die Chance erhalten, auch ganz ungewöhnliche Schicksale mitzuverfolgen. Einige wenige werde ich später kurz erwähnen.

Ich habe noch nie erlebt – und das bei einigen tausend Tarotsitzungen! –, daß die Karten *nicht* »stimmen«. Die Antworten sind meist sehr eindeutig – und auch für sogenannte Anfänger greifbar.

Ich »lese« die Karten mehr intuitiv, während andere sich bei der Interpretation eher von den Symbolen, Allegorien oder traditionellen Bedeutungsmustern leiten lassen. Die Tarotkarten sind für mich immer das »Medium«, um bereits vorhandene Einsichten klarer erfassen zu können.

Wichtig ist, daß bei einer Tarotsitzung die Energie fließt – sowohl durch die klar ausgesprochene oder unausgesprochene Frage als auch durch die Bereitschaft, sich auf die Schwingungen der Karten in diesem Augenblick möglichst ganz einzulassen. Dazu gehört auch, daß man seine »eigenen« Tarotkarten findet: jene also, die dem eigenen Schwingungszustand, den eigenen Energien am besten entsprechen.

Nehmen Sie sich einmal genügend Zeit, viele verschiedene Tarotkarten in Ruhe durchzusehen. Schauen Sie sich zuallererst die Trümpfe der sogenannten Großen Arkana an, einzeln, und lassen Sie diese auf sich wirken.

Und dann überschlafen Sie Ihre Kaufentscheidung erst einmal – vielleicht kommt im Traum ein Hinweis auf »Ihre« Karten.

Ihre Vorliebe kann sich im Laufe der Zeit natürlich auch verändern!

Das Thema Liebe und Partnerschaft taucht fast in jeder Tarotsitzung auf; fast immer stellen Liebe und Partnerschaft ein zentrales Anliegen oder ein schier unüberwindlich scheinendes Problem dar, fast immer »hakt« es da. Aber spezielle Tarotkarten, bei denen sich alles nur um Liebe und Partnerschaft dreht, gab es nicht – sosehr wir auch suchten. Das war für Wulfing der Anstoß, ein Tarotbuch zu konzipieren und ein Tarotkartenspiel in Auftrag zu geben, welches sich ganz und gar um unser Lebensthema Nummer eins dreht.

Wir sind sehr froh, daß MARCIA PERRY mit uns die Großen Arkana, die 22 Tarotkarten von den *Narren* (0) bis zur *Schöpfung* (21) und einen Joker, *»Seelenpartnerschaft«* (22), dazu geschaffen hat. Sie hat die Entwicklungsstufen in Liebe und Partnerschaft sehr lebendig, einfühlsam-sinnlich, schöpferisch und symbolkräftig umgesetzt. Dieses spezielle *»Tarot der Liebe«* ist übersichtlich, leicht verständlich und zeitgemäß-positiv!

Wir sind überzeugt, daß unser neues Tarot vielen Menschen helfen wird, noch bewußter ihre Situation und noch gezielter ihre Entwicklungschancen zu erkennen. Unser Buch ist indes so angelegt, daß Sie die Hilfen und Interpretationen durch das *»Tarot der Liebe«* mit *jedem* Tarotkartenspiel anwenden können.

Ich möchte noch zwei Gedanken zum Umgang mit Tarot anfügen, die ich selbst beherzige. *Kein* Tarot-»Reading«, keine Tarotsitzung ist ein unabänderliches Gottesurteil. Tarot ist eine Momentaufnahme von Energiemustern und Möglichkeiten, nicht von schicksalhaft festgelegten Lebensbahnen. Man sollte Tarot also nicht todernst nehmen – allerdings damit auch nicht nur spielen! Wer damit aus Jux unnütze Fragen beantworten will, für den wird das Tarot schnell an Aussagekraft verlieren. Deshalb sollte man Tarot für ein und dasselbe Thema nicht ständig wieder auslegen, sondern eine sinnvolle Zeit verstreichen lassen und »verdauen«, bevor man erneut die Karten zieht.

Die Uhr macht zwar die Zeit nicht, zeigt sie aber an. Das *»Tarot der Liebe«* macht keine Liebe oder Partnerschaft, zeigt aber an, um welche Themen, Probleme und Herausforderungen es in den Beziehungen geht *und* wie man zu mehr Lebensfreude und Liebesglück finden kann.

Tarot: das ist für mich

– ein Orakel- und Weisheitsspiel, ein Mittel, um mehr Klarheit über noch nicht bewußte Motive und Impulse zu gewinnen;

– eine bewährte Methode, um emotionale Blockaden aufzuspüren und Lösungsmöglichkeiten dafür zu entdecken;

– »instant insight«, also die Chance zur unmittelbaren Einsicht in Zusammenhänge und Entwicklungen des Lebens.

Der Umgang mit Tarot im Vertrauen auf sich selbst setzt immer wieder neue Energien und ein neues Lebensgefühl frei.

Gayan S. Winter

Menschen und Beziehungen im Spiegel des Tarot

In diesem Buch geht es nicht in erster Linie um farbige Tarotkarten, sondern um uns Menschen und unsere Beziehungen. Es geht um Liebe und Leben, um Höhepunkte und Alltagsereignisse, um Energien und Spannungen, um Freude und Harmonie.

Seit einiger Zeit halten Gayan und ich regelmäßig Seminare zum Thema Partnerschaft, Tarot und Transformation ab. Auch dabei geht es uns immer zuerst um Menschen, nicht um blutleere Theorien. Wir erleben bei den Seminaren ein unbeschwertes Wechselspiel von weiblichen Yin- und männlichen Yang-Kräften – vielleicht gerade deshalb, weil wir gute Freunde und nicht (Intim-) Partner sind. In diesen Seminaren wurde immer deutlicher, daß ein spezielles Buch fehlt, das ganz direkt auf die vielfältigen Aspekte von Partnerschaftsproblemen eingeht. Um so mehr freuen wir uns, das *»Tarot der Liebe«* jetzt in Buchform vorzustellen zu können.

Liebe, Freundschaft, Partnerschaft, Ehe und Familie, Beziehungen ganz allgemein müssen nicht immer »Karma« sein, müssen also nicht immer nur schicksalhafte Verstrickung bedeuten. Als soziale Wesen kommen wir zwangsläufig, auch ohne tiefere metaphysische Bestimmungen, zusammen, um einander zu lieben, miteinander zu lernen, zu wachsen, zu spielen, zu reifen, zu wirken.

Manche Menschen ziehen einander fast wie magnetisch und zwangsläufig an, unter merkwürdigen Umständen und über Kontinente hinweg. Andere begegnen einander vermeintlich eher zufällig. Es soll hier keine

Rolle spielen, ob Liebe und Partnerschaft ursächlich Karma, Schicksal oder Zufall ist. Tatsache bleibt: Persönliche Beziehungen in der einen oder anderen Form sind für fast jeden von uns der entscheidendste Erlebnisbereich unseres Lebens, der wichtigste Erfahrungsraum unserer Existenz.

Gerade deshalb ist nicht einzusehen, warum wir oft am meisten an, in und unter Partnerschaften leiden, warum wir uns festfahren. Und wer von uns leidet nicht oder hat nicht schon einmal an ihrer/seiner Liebe auch gelitten?

Im Laufe der ersten etwa vierzig Jahre dieses Lebens hatte ich Gelegenheit, manche Weisheitslehren kennenzulernen und ihren Wegweisungen in einem bewegten Leben auch praktisch zu folgen. An dieser Stelle nur Stichworte dazu: Yoga, sieben Jahre Guru, Arbeit für Yogalehrer; Herausgabe, Übersetzungen und Koautorenschaft von Büchern zu Astrologie, Naturheilkunde – das erste deutsche Bach-Blüten-Buch 1978, mit Ingrid S. Kraaz: *»Die richtige Schwingung heilt«* –, zu Tarot, Lebenshilfe, spiritueller Erziehung und vielen anderen Themen. Fernsehtätigkeit als Redakteur für ARD und ZDF, unter anderem in den Bereichen Politik, Wirtschaft, Fortbildung und Kultur. Eigene Vorträge und Seminare, Begegnungen mit weisen Menschen und Prominenten... Und immer wieder Beziehungen. Eine sieben- bis vierzehnjährige Ehe (je nach Zählweise); langjährige Freundschaften, kurzfristige Bekanntschaften, Verliebtsein, Partnerschaften, Enttäuschungen, Projektionen, Erwartungen, Arbeit an Verhaltensmustern...

Was hat in Krisen geholfen, was hat auf höhere Erlebnis- und Bewußtseinsebenen gehoben? Wo sind die Kristallisationspunkte für Schwierigkeiten und Blockaden? Welche Energien befreien aus und von Spannungen, wie kann man bewußt mit ihnen umgehen?

Was gilt nicht nur für mich persönlich und privat, sondern allgemein? Was läßt sich in einer Partnerschaft beobachten und ablesen – nicht nur von den Worten? Was bedeuten etwa Gestik, Mimik, Körperhaltung, Physiognomie, astrologische Kennzeichen oder die Numerologie der Namen?

Viele Systeme, viele Methoden, viele Theorien bieten dafür Hilfen an. Ich habe feststellen können, daß Tarot, wenn es emotional offen und gleichzeitig undogmatisch durchdacht sowie geistig interessiert angewandt wird, eine direkte, augenfällige und bildhafte Hilfe ist, gordische Knoten in der Partnerschaft zu erkennen und entweder zu entwirren oder auch einmal zu durchschlagen.

Das *»Tarot der Liebe«* kann für jede Partnerschaft einen Wendepunkt der Beziehung darstellen. Wir können dadurch Impulse gewinnen, um tote (oder tötende) Partnerschaften schöpferisch wiederzubeleben und neu zu gestalten – oder sie notfalls ab- und aufzulösen.

Wie wir mit unserem Leben umgehen, liegt letztlich an uns selbst! Das *»Tarot der Liebe«* vermittelt keine Dogmen oder Theorien, verlangt keinen Glauben oder magische Sperenzchen, sondern will ganz praktische, einleuchtende Anstöße zu einer bewußteren Lebensführung vermitteln.

Dabei viel Freude!

Wulfing von Rohr

I
Tarot, Energie und Lebensgefühl

Beziehungen im Alltag

Gelackte Werbespots gaukeln uns auf raffinierte Weise die vermeintlich heile Beziehungswelt glücklicher Menschen vor – damit wir eine bestimmte exotisch-erotisch duftende Seife oder ein verführerisches Rasierwasser kaufen und so angeblich noch begehrter wirken. Unentwegt lächelt man in dieser Traumwelt einander liebevoll zu, umarmt einander, demonstriert stets harmonische Beziehungen ohne irgendwelche Probleme, die nicht durch den Kauf eines neuen Waschpulvers oder des einzig aromatischen Kaffees gelöst werden könnten: Die Welt ist gut, das Leben lauter Liebe (mit betont unauffällig getragenem Ehering).

Die Wirklichkeit sieht anders aus. Wir alle wissen das. Wenige, sehr knapp gefaßte Beispiele aus unserem Seminaralltag – nichts ist übertrieben! – verdeutlichen es:

○ Claudia, 38, und Patriz, 41, sind seit 15 Jahren kinderlos verheiratet; beide sind attraktiv und finanziell gut gestellt: ein glückliches Paar aus dem Bilderbuch?

  Die Realität: Seit gut zehn Jahren gibt es in ihrer Beziehung keinen Sex mehr. Der streng religiös erzogene Mann will seine Ehefrau nicht »beschmutzen«, nicht »beflecken« – und geht statt dessen zu Callgirls; die Frau harrt im Elfenbeinturm der »idealen Ehe« aus – um den Mann nicht zu verlieren.

  Beide entwickeln schwere Neurosen – die sie

voreinander verheimlichen. Claudia beginnt Psychopharmaka gegen Depressionen zu nehmen; Patriz versucht, seine Depressionen in hochprozentigen Alkoholika zu ertränken. Beide wollen zusammenbleiben; sie haben sich noch etwas zu sagen.

Ihr allererstes Tarot-»Reading« im Rahmen eines unserer Seminare bringt den entscheidenden Durchbruch:

Claudia und Patriz können sich ihr Problem endlich einmal selbst eingestehen – und dann auch mit dem Partner darüber reden. Dabei war Patriz zu etwas bereit, wozu sich Männer leider immer noch zu selten durchringen können: aktiv an der Problembewältigung mitzuwirken.

○ Emmi, 61, ist seit 35 Jahren verheiratet; zwei erwachsene, unverheiratete Töchter wohnen noch im Hause. Seit Jahrzehnten schon hat sie keine geistigen Gemeinsamkeiten mehr mit ihrem Mann. Ihre Kommunikation beschränkt sich auf das Nötigste im Alltag. Der Mann, 67, liest am Essenstisch fast immer Zeitung, ansonsten sitzt er vor dem Fernseher. Er ist ein stiller, aber regelmäßiger Trinker; wenn er zu sehr über die Stränge schlägt (was in letzter Zeit immer häufiger passiert), fühlen sich die eigenen Töchter von ihm unterschwellig belästigt und Emmi tyrannisiert. Gemeinsame Ausflüge und Urlaubsfahrten finden längst nicht mehr statt.

Die Tarotsitzung bringt Emmi mehr Klarheit darüber, wie sie – ohne Scheidung – doch noch etwas Sinnvolles und Schönes mit ihrem Leben anfangen kann. Emmi wird darin bestärkt, eine Halbtagsarbeit anzunehmen, um

- nicht ständig zu Hause sein zu müssen, zumal die Pensionierung ihres Mannes kurz bevorsteht;
- endlich wieder etwas eigenes Geld zu verdienen; und
- vor allem neue Menschen kennenzulernen und sich einen eigenen Freundeskreis aufzubauen.

○ Mary-Anne, 32, und Ralph, 36, sind seit neun Jahren verheiratet, kinderlos. Ralph unternimmt kurz hintereinander mehrere Selbstmordversuche, wechselt ständig seine Firma, läuft mit Leichenbittermiene herum. Mary-Anne ist einerseits sehr dominant und fordernd, andererseits »maskenhaft«, wie Ralph findet; aus »Rache« nimmt sie auch hin und wieder eine Handvoll (leichte) Schlaftabletten – angeblich, um sich zu beruhigen, in Wirklichkeit, um ihn zu beunruhigen. Mary-Anne und Ralph pflegen eine typische Opfer-Täter-Beziehung mit wechselndem Rollenspiel. Sie sind voneinander abhängig und laufen Gefahr, endgültig in festgefahrenen Projektionen zu erstarren und ersticken.

Die erste gemeinsame Sitzung führt dazu, daß sie sich seit langer Zeit zum ersten Mal wieder wirklich in die Augen schauen, miteinander reden und sich sogar berühren können. In der Zeit danach »gehen sie noch barfuß durch die Hölle«, wie Mary-Anne meint.

Die getrennten Tarot-»Readings« nach ungefähr einem Jahr bringen eine »überraschende« Klärung: Beide wollen natürlich nicht sterben, beide wollen gegenseitige bewußte Zuwendung; beide wollen »Super-Sex«. Den haben sie inzwischen!

○ Alice, Anfang 50 und künstlerisch begabt, ist Mutter eines erwachsenen Sohnes. Ihre Hauptprobleme sind, daß ihr Mann sie nicht mehr berührt – weder zärtlich noch erotisch; daß keine gemeinsamen Interessen mehr bestehen; daß sie und ihr Mann sich nicht einig werden, ob sie in ein altes Haus oder in eine teure Eigentumswohnung ziehen sollen.

Fred, 58, ein erfolgreicher Kaufmann, ist jetzt auf der Höhe seiner Laufbahn. Aus seiner Sicht – die sich von seiner Energie und seinem Lebensgefühl her bestätigte – macht Alice emotional zu sehr »zu« und nimmt fast überhaupt keinen Anteil an seinen Interessen.

Die getrennten Tarot-»Readings« ergeben: Fred hat Spaß an Massagen, zärtlichen Berührungen und vor allem an Sex – Alice leider nicht (mehr).

Zu einer gemeinsamen Sitzung, wie sie eigentlich notwendig wäre, kam es bislang aus verschiedenen Gründen nicht. Aber erst ein Tarot-»Reading« beider Partner kann in diesem Fall – in dem die Frau auf den Mann projiziert, was in ihr selbst steckt – etwas vorwärtsbewegen.

○ Olivia, 36, verheiratet, hat drei Söhne zwischen 14 und 17 Jahren. Ihr Mann Benno pflegt eine jahrelange Affäre mit seiner Sekretärin, die er auf Geschäftsreisen mitnimmt; Olivia zwingt ihn zur Entscheidung, entweder auszuziehen oder das Verhältnis aufzugeben. Benno versucht, Zeit zu schinden; schließlich gibt er sein Verhältnis auf.

Olivia und Benno sind wieder »zusammen«. Der gemeinsame Sex gilt ihnen als Waffe im Kampf um Überlegenheit: Er ist jetzt zwar wieder zum Sex mit ihr bereit, aber sie entzieht sich, sooft es geht – aus Rache für früher; zur Strafe verweigert Benno außerhalb des Betts die Kommunikation.

Das Tarot-»Reading« macht Olivia klar, wie sie sich beide gegenseitig zu manipulieren versuchen. Eine Lösung bestünde demnach zunächst einmal darin, daß Benno sich selbst und Olivia klarmacht, daß er immer noch an der anderen Frau hängt, die er wegen Olivia verlassen hat; Olivia muß sich und Benno eingestehen, warum sie nun Sex verweigert.

○ Jessica, Anfang 20, blutjung und besonders hübsch, ist in einen charmanten jungen Opernsänger verliebt, der sie ebenfalls liebt – seit drei Jahren. Die Karten weisen auf ernste Probleme mit dem Mann hin – warum nur? Jessica sagt nach der Tarotsitzung, sie sei auf dem Weg ins Krankenhaus, zu einer Operation. Es ist ihr peinlich zu erklären, weshalb: ihre Vagina sei zu klein für seinen Penis – beim Sex reißt sie ein und blutet jedesmal.

Aber beide hatten es noch nie mit Öl oder Vaseline probiert! Jessica muß schließlich nicht ins Krankenhaus.

○ Helga, um die 50, möchte noch einmal richtig leben. Die Kinder sind aus dem Haus, in ihren alten Beruf als medizinisch-technische Assistentin will und kann sie nicht zurück. Ihr Mann Christoph, 62, versteht seine Frau nicht mehr, flüchtet in eine deutlich psychosomatisch bedingte Krankheit.

Das Tarot-»Reading« für Helga zeigt ihr neue Perspektiven der Selbstverwirklichung – in der Kunst, in Reisen zu anderen Kulturen, in der Meditation. Helga erkennt, daß jegliche Schuldgefühle nur übernommene Projektionen des erstarrenden Partners oder der vermuteten Bewertung durch die Umwelt wären. Sie findet eine neue Stärke, die sie zur bewußten und letztlich auch für ihn positiveren Partnerin werden läßt.

- Eva Maria, 27, Computertechnikerin, kann sich nicht zwischen Erik, 37, einem erfolgreichen Bankkaufmann, und Fabian, 31, einem freien Musiker, entscheiden. Am liebsten will sie beide – sie hat aber Koordinationsprobleme; außerdem quälen sie innere Zweifel, ob das mit der Gesellschaftsmoral zu vereinbaren sei – auch wenn wir heute in einer anderen Zeit als früher leben.

  Das Tarot-»Reading« weist auf einen dritten Mann hin, der die Qualitäten von Erik und Fabian in sich vereint.

Die Fallbeispiele stammen aus Seminaren des Jahres 1988. Die Namen sind selbstverständlich verändert.

Solche Beispiele lassen sich nahezu endlos fortsetzen; sie stammen aus Ländern wie der Bundesrepublik Deutschland, der Schweiz, Österreich, Italien, den USA und Frankreich.

Es geht natürlich nicht immer nur um Probleme in den Intimbeziehungen, sondern auch um Entwicklungsprozesse zwischen Freunden und in der Familie.

Die schwerwiegendsten Probleme fast aller Beziehungen lassen sich auf wenige gemeinsame Nenner bringen:

- Sehr, sehr wenige Menschen können allein – nur für sich – glücklich sein. Es gibt dafür vielfältige

Gründe: unsere Angst vor dem Tod – und daraus entsteht Angst vor Krankheit, Armut, Verlassenwerden... kurz: also eigentlich Angst vor dem Leben!

Dann sind wir lieber zu zweit... unglücklich.

- Wir erwarten meist, daß unser Partner uns das gibt, was wir brauchen oder haben möchten: Zärtlichkeit, Sicherheit, Status, Sex, Geld, Macht, Ansehen – und natürlich nicht zuletzt Liebe! Der Partner (die Partnerin) aber wird unsere Bedürfnisse nicht stets und immer nur höchst unvollständig erfüllen (können!).

  Den Spannungszustand, der sich daraus ergibt, nennen wir »Krise« – in Ehe, Partnerschaft, Familie. Konventionelle Wege aus der oft gesellschaftlich konditionierten »Krise« führen zu Psychopharmaka, Alkohol oder anderen Drogen, psychiatrischer Gehirn- und Gefühlswäsche, Aggressionen, womöglich sogar zu Selbstmord oder Mord.

- Wir kennen unsere eigenen echten Bedürfnisse überhaupt nicht – oder erlauben uns nicht, sie anzuerkennen.

  Wir sprechen darüber nicht mit unserem Partner, schon gar nicht ohne Vorwürfe und/oder Erwartungshaltungen; die Kommunikation ist gestört, man hat sich nichts mehr zu sagen.

  Wir sind (noch) nicht bereit, selbst die Verantwortung für unser eigenes Leben zu übernehmen; wir warten auf das Wunder, auf den Märchenprinzen (die -prinzessin), die uns wachküssen und auf einem weißen Pegasus oder auf einer weißen Wolke in die himmlischen Gefilde irrealer, ewiger romantischer Liebe und Harmonie entführen werden.

Aber Partnerschaft ohne Eigenverantwortung ist infantil und »funktioniert« natürlich nicht. Liebe und Harmonie bloß anstreben wollen oder gar nur wünschen – das allein reicht nicht. Liebe, Familie und Partnerschaft heißt bekanntlich Arbeit, bewußte Unvollkommenheit, Eigenverantwortung!

Das *»Tarot der Liebe«* bringt unsere Überzeugung zum Ausdruck, daß menschliche Beziehungen nicht immer schicksalhafte Verstrickung oder Verkettung bedeuten müssen; nicht immer Rachefeldzüge, emotionales oder finanzielles Parasitentum darstellen müssen; nicht immer wieder eine neue Spielart des Opfer-Täter-Syndroms bedeuten müssen.

Liebe muß nicht immer Karma sein! Partnerschaft muß nicht immer zwangsläufig zum schwer erträglichen Schicksalsschlag oder Lebenslos werden.

Diese Einleitung hat den Zweck, uns sehr alltägliche Beziehungsprobleme in Erinnerung zu rufen; sie soll uns auf einen völlig neuen Ansatz einstimmen, mit Liebe und Partnerschaft mittels des *»Tarot der Liebe«* umzugehen.

Das *»Tarot der Liebe«* ist eine wirksame Methode, vielleicht sogar die unmittelbarste und schnellste Hilfe, um Licht ins Dunkel von Beziehungen und Krisen zu bringen. Es besteht in der sinnvollen Anwendung von Tarot auf alle Aspekte von Partnerschaft.

Was ist Tarot?

Ein Tarotspiel besteht aus 22 oder 23 »Trumpfkarten«, welche zusammen als »die Großen Arkana« bezeichnet werden, und aus 56 weiteren Karten, welche »die Kleinen Arkana« genannt werden. Diese 56 Karten unterteilt man in 16 Personen- oder Hofkarten (Königin, König, Prinz, Prinzessin) und 40 Zahlenkarten (As und 2 bis 10) – jeweils in den vier »Farben« Stäbe, Scheiben, Blüten und Blitze (oder Stäbe, Scheiben, Kelche, Schwerter).

»Arcanum« ist das lateinische Wort für »Geheimnis«. Wir werden später auf unterschiedliche Bezeichnungen für die Karten und Farben eingehen. Auf jeder Karte sind mehr oder weniger eindeutige Symbole, Figuren, Situationen oder Gegenstände zu sehen.

Die ersten 22 Karten des Tarot bedeuten entscheidende, archetypische Entwicklungsstufen der menschlichen Existenz, wie sie jeder von uns früher oder später im Leben erfährt.

Die 56 Karten der sogenannten Kleinen Arkana stellen Möglichkeiten der Konkretisierung, der Veränderung, des Verhaltens oder der Anwendung dar – immer bezogen auf die jeweilige Frage und Situation.

Die 16 Personen- oder Hofkarten der Kleinen Arkana symbolisieren die Fähigkeiten oder Charakterzüge, die wir bereits verwirklicht haben, die uns kennzeichnen oder unsere Lebensführung derzeit bestimmen.

Die 40 Zahlenkarten schließlich weisen auf unsere vorübergehende Gemütsverfassung oder auf von außen kommende Einflüsse hin.

Tarot, die geheimnisvolle Bildersprache der Archetypen, fasziniert vor allem durch seine fast magische Ausdruckskraft. Aber erst die Qualität der Frage, die Energie des Deutenden und die Aufnahmefähigkeit des Fragestellers bilden jenes Schwingungsfeld, in dem sich die Aussagen der Bilder und das aufrichtige Suchen nach Hilfen in Antworten manifestieren können, die gefühlsmäßig und intuitiv oder auch intellektuell faßbar sind.

Bei Tarot geht es um Schwingungen. Es geht um unmittelbare Assoziation von Gefühlen, Gedanken und Visionen auf verschiedenen Ebenen der Psyche – ausgelöst und inspiriert durch die Signale der Tarotbilder und -ideen.

Der Ursprung des Tarot ist bis heute umstritten. Als seine Heimatländer gelten Indien oder Ägypten. Kabbalisten oder Zigeuner sollen die Karten nach Europa gebracht haben. Das bislang älteste nachgewiesene Tarotblatt stammt aus dem Mittelalter: die Holzschnittkarten des »Marseille-Tarot«. Inzwischen sind über hundert verschiedene Tarotspiele für fast jeden Geschmack und fast jede geistige Ausrichtung entworfen worden.

Durch Tarot können schöpferische Einsichten und Anstöße wirksam werden, um bewußter, problemloser, leidfreier, verantwortlicher, liebevoller zu leben – wenn man dafür offen ist!

Die Tarotkarten stehen symbolisch für die wesentlichen Stufen, Aspekte und Facetten der dynamischen Entwicklung des Menschen zu einem wahrhaft lebendigen, beseelten Wesen, das sich als integrierter Teil einer planetarischen Ganzheit empfindet. Wir alle sind aufgerufen, uns im erreichbaren Rahmen zu vervollkommnen. Wir alle können, dürfen (und sollen vielleicht)

Glück hier und jetzt anstreben, verwirklichen und erfahren.

Wer nach dem Glück giert – zum Beispiel durch Tarotkartenspielerei – und ihm nachläuft, wird enttäuscht in den leeren Spiegel seines Egos schauen. Wer sich dem Glück öffnet – zum Beispiel durch Hinweise und Impulse im Tarot –, der findet das Füllhorn seines eigenen inneren Reichtums.

Im »*Tarot der Liebe*« wird ein ganzer Lebensablauf, wie er sich symbolisch in den Tarotkarten widerspiegelt, systematisch auf Liebe, Ehe, Freundschaft und Familie übertragen. Deshalb werden – erstmals in der Geschichte des Tarot! – alle Karten auch in ihrem Bildausdruck und ihrer Bedeutung ausschließlich auf diese Lebensbereiche und die dazugehörigen Empfindungen und Erfahrungen bezogen.

»*Tarot der Liebe*«: das ist eine spezifische Deutung aller Tarotkarten in bezug auf Liebe, Ehe, Familie und Freundschaft – ganz gleich, mit welchem Kartenspiel Sie persönlich umgehen!

Darüber hinaus haben wir uns entschlossen, mit Marcia Perry neue Bilder zu schaffen, die weder einer mittelalterlich-holzschnittartigen Tradition noch okkult-magischem angeblichem Geheimwissen verpflichtet sind. So finden die tiefgreifenden Entwicklungsstadien des Individuums in und durch Partnerschaft mit anderen Menschen in Marcia Perrys Karten eine moderne, ursprüngliche, symbolisch aussagekräftige Verdichtung, die modern, unbeschwert *und* positiv ist.

Sie erhalten als Zugabe zu diesem Buch Marcia Perrys Karten der Großen Arkana, damit Sie eine Chance haben, sich über den Text und die Abbildungen im Buch hinaus auch praktisch mit dieser neuen Sicht von Beziehungsproblemen und ihren Lösungen zu beschäftigen. (Diese 23 Karten sind, beispielsweise zum Verschenken, als Einzelpack samt einer kleinen Einführungsbroschüre auch getrennt erhältlich; siehe Hinweise auf den Seiten 206 und 207.)

Das »*Tarot der Liebe*« deckt verdrängte Verhaltensmuster auf, weist auf Energieblockaden hin, zeigt karmische Bindungen an; zugleich offenbart es das Entwicklungspotential der Beziehung und die Möglichkeiten zur harmonischen Selbstverwirklichung – für einen selbst ebenso wie für die Partnerschaft.

Das »*Tarot der Liebe*« ist ein gleichsam alchimisch wirksamer Katalysator, um verkrustete Strukturen und einengende Denkweisen in einer Beziehung aufzubrechen; um überfällige Energieprozesse anzustoßen oder zu beschleunigen; um falsche Rollenspiele zu überprüfen und aufzugeben; kurz: um zu spüren, wo die Grenzen des Egos und wo die Chancen der gemeinsamen und beiderseitigen Freiheit liegen.

Wie und warum »funktioniert« Tarot?

Beim Tarot-»Reading«, der Tarotsitzung, werden Bildkarten gemischt und dann gezogen.

Wenn man nur die Großen Arkana benutzt, sind es 22 oder 23 Karten, beim ganzen Tarotspiel 78 oder 79, je nachdem, ob das Spiel einen Joker einschließt oder nicht.

Man kann für sich alleine ziehen, aber auch einen anderen für sich ziehen lassen.

Jede Karte spiegelt eine Entwicklungsstufe, eine (Gemüts-)Schwingung, einen Einfluß wider. Wie jeder Klang eine bestimmte Qualität hat und wie jede Farbe eine auch psychologisch wirksame Ausstrahlung besitzt, so löst auch jedes Bild in uns bewußte und unbewußte Reaktionen aus.

Tatsache ist, daß wir in einem einzigen Augenblick eine ganz spezielle Karte ziehen. Was soll diese Karte nun mit uns, mit unserem Leben, mit unseren Beziehungen zu tun haben?

Sehr viel – wir haben nämlich *jetzt diese* Karte und keine andere für uns oder für einen anderen gezogen. Wir richten unsere Aufmerksamkeit, unsere Gefühle und Gedanken, die Offenheit unserer Seele, unsere Intuition *jetzt* und *hier* auf *diese* Karte aus. Wir blicken also in einen Spiegel, indem wir jene Tarotkarten als symbolische Bilder der derzeitigen Situation annehmen, die wir jetzt gerade selbst ausgesucht haben.

In den neuen Erlebnisräumen und Dimensionen der Erfahrung, die wir uns mit eigenen Energien öffnen, können wir stets verborgene und verschlüsselte oder auch offen dargestellte Zeichen, Hinweise und Handlungsanleitungen für unser Alltagsleben erkennen.

Was sonst passiert denn zum Beispiel beim »Ausdrucksmalen«, beim »intuitiven Musizieren« oder beim »blinden Töpfern«? Wir geben Impulsen und Schwingungen in uns die Freiheit, sich in Form und Gestalt, in Raum und Zeit auszudrücken. Was wir auf diese Weise geschaffen haben, hilft uns, uns selbst und andere besser kennen- und liebenzulernen.

Um verständlich zu machen, wie und warum Tarot wirkt, kann man auch auf das vom großen Tiefenpsychologen, Mythenforscher und Archetypenlehrer C. G. Jung so genannte »Synchronizitätsprinzip« verweisen.

Vereinfacht ausgedrückt, gibt es demnach nicht nur ein »kausales« Verursacherprinzip, sondern auch »a-kausale« Wirkprinzipien.

Beispiele:

Weil jemand zuviel Alkohol trinkt oder zuviel Schweinefleisch ißt, wird er/sie krank.

Weil jemand sich mit positiven Gedanken beschäftigt, kann er das Positive auch in anderen sehen.

Das sind typische Beispiele für »kausale« Verknüpfungen. *Weil* ich dies tue, passiert jenes.

Wie sind aber folgende Geschehnisse einzuordnen?

Während jemand beim Essen sitzt, biegt ein Auto um die Ecke.

Während ich ein Buch lese, klingelt die Hausglocke.

Das sind typische Beispiele für »a-kausale« Verknüpfungen und Zusammenhänge. Nicht, *weil* ich dies tue, passiert jenes, sondern *während* ich etwas tue, geschieht etwas anderes!

C. G. JUNG wies nun darauf hin, daß auch Zeit eine eigene Qualität besitzt: Jeder Augenblick trage eine spezifische Schwingung in sich; alles, was im selben Moment geschieht, habe auch an dieser Schwingung Anteil, es werde von ihr »durchdrungen« oder »getragen«. (Dies ist übrigens eine der überzeugendsten Erklärungen für die Aussagekraft ernst zu nehmender Astrologie.)

Auf Tarot übertragen heißt das:

Während ich mich auf diese Frage oder jene Situation konzentriere, wird die eine oder andere Karte gezogen.

Ich ziehe eine bestimmte Karte *nicht, weil* ich ein

bestimmtes Problem mit mir herumtrage, sondern *während* ich mich darauf ausrichte.

Damit entsteht in einem Tarot-»Reading« ein zeitlich bedingtes Mosaik – eine Frage und die Antwortsuche durch Tarot laufen synchron –, welches dem Thema den momentan richtigen symbolischen Ausdruck verleiht. Es gilt dann, dieses Mosaik anzuschauen, aufzunehmen, es zu verarbeiten oder womöglich auch es erst einmal zu »entziffern«.

Nehmen wir uns also Zeit für die Praxis, Zeit auch für die Prüfung und Überprüfung der eigenen Bereitschaft, sich selbst durch Bilder neu zu entdecken.

Wie kann Tarot überhaupt sinnvolle Aussagen zulassen, wenn in wiederholten »Readings« mehrere Male hintereinander vielleicht ganz unterschiedliche Karten fallen? Sie werden selbst feststellen: Verblüffend oft werden ähnliche oder sogar dieselben Karten gezogen. Noch wichtiger ist: Bei wiederholten »Readings« wird nur dann eine sinnvolle Deutung »neuer« Karten möglich sein, wenn sich der Fragende immer wieder aufs neue mit derselben Intensität und Ausrichtung auf die ursprüngliche Frage einstellen kann. Wenn ihm dies gelingt, lassen sich auch andere, neue Karten so interpretieren, daß das »Reading« wertvoll bleibt. Wenn das nicht gelingt, wird ein »Reading« zur Farce.

Die Symbiose, die Einheit zwischen Fragesteller, Tarotkarten und Antwortdeuter, ist unauflöslich. Ein Umgang mit den Tarotkarten über längere Zeit hat noch immer diese Erfahrung gelehrt.

Das Besondere am »Tarot der Liebe«

Wer einem anderen Menschen Tarotkarten deutet, muß eine sinnvolle, klare und hilfreiche Interpretation geben können, *ohne* die Frage und die Lebensumstände des Betreffenden zu kennen. Nur dann handelt es sich um eine *echte Tarotkartendeutung* – und nicht um mehr oder minder sensible psychologische Einfühlung oder echte mediale Fähigkeiten.

Deshalb beginnen wir ein Tarot-»Reading« möglichst immer erst einmal, ohne die Frage und die Situation zu kennen, um die es geht. Die so gezogenen Tarotkarten ergeben ein Bild, das von persönlichen Vorurteilen weitestgehend frei ist.

Zusätzlich deuten wir dann spezielle Aspekte anhand daraufhin gezogener Tarotkarten detaillierter.

Das *»Tarot der Liebe«* legt eine in sich stimmige, systematische Erklärung und Deutung aller Tarotkarten vor, die Sie nachvollziehen und *selbst anwenden* können. Die Interpretationen im *»Tarot der Liebe«* sind so miteinander verknüpft, daß Sie die Karten und ihre Bilder, Symbole, Farben und Zahlenwerte selbst sprechen lassen können. So lassen sich Deutungen entwikkeln, ohne über Vorkenntnisse zu verfügen und durch diese vielleicht sogar beeinflußt zu werden.

Daß dies durchaus nicht banal, sondern etwas Besonderes ist, zeigen zwei Vergleiche:

Wenn ein Rutengänger oder Pendler sich ganz von persönlichen Gefühlen und Wünschen, auch von solchen mit den allerbesten Motiven, lösen kann, wird er die besten Erfolge erzielen. Denn emotional ge-lassen zu sein heißt ja nicht, daß man nicht für die Schwingung der Tarotkarten offen ist.

Ähnliches erleben erfahrene Astrologen: Am »treffsichersten« fallen ihre Aussagen dann aus, wenn sie sich von ihren eigenen Vorlieben oder Abneigungen gegenüber bestimmten Methoden, Personen oder gesellschaftlichen Vorstellungen freimachen und ganz »schlicht« lediglich diejenigen Faktoren bewerten, die ihnen das Horoskop selbst präsentiert.

Das *»Tarot der Liebe«* ist so konzipiert, daß Sie immer vernünftige, klare, begreifbare Antworten erhalten!

Und noch etwas ist besonders am *»Tarot der Liebe«*:

Wir haben bewußt einen positiven, konstruktiven Ansatz gewählt. Wir glauben, daß die oft düsteren, negativen oder dunkelmagischen Aussagen etlicher Tarotdeutungen weder richtig noch hilfreich sind.

Viele Tarotdarstellungen stützen sich leider immer noch auf heuchlerische, überkommene Moralvorstellungen oder elitär-willkürliche Weltbilder. Nach unserer Meinung sind diese ungeeignet, uns bei der Bewältigung unserer Probleme heute zu helfen.

Das *»Tarot der Liebe«* weist auf uralte, ewig gültige archetypische Situationen, Entwicklungsstufen und Menschheitssymbole hin, aber mit den Bild- und Sprachmitteln der Moderne. Nichts müssen Sie hier einfach *glauben* – Sie können Ihren eigenen geistigen, emotionalen und spirituellen Assoziationen und Einsichten Raum geben.

Chancen und Grenzen

Darin liegen die Chancen des Tarot: Wir können uns ungestillte Sehnsüchte eingestehen, verborgene Talente entdecken, unser geistiges Potential intuitiv erkennen,

Probleme identifizieren, neue Ziele definieren und mit Prozessen des Sterbens und Werdens gelassen umgehen.

Das *»Tarot der Liebe«* bietet eine Chance, unsere Beziehungen offen und bewußt anzuschauen, ohne daß Gedankenvorstellungen, Vorurteile und konventionelle Hindernisse uns in den ewig gleichen engen Bahnen unseres Gemütskarussells gefangenhalten müssen.

Natürlich gibt es auch Grenzen des Tarot und damit auch des *»Tarot der Liebe«*: Jedes Tarot-»Reading« »gilt« nur – je nach Fragestellung – für einen begrenzten Zeitraum. Außerdem dürfen die Bilder nicht zu starr auf die eigene Situation übertragen werden – gleich, welche Tarotkarten man verwendet. Tarotkarten sollten nicht zur Wahrsagerei und für Ratespiele über die Zukunft mißbraucht werden. Ein »Reading« stellt eine Momentaufnahme von Energiemustern dar, nicht etwa eine fixierte Schicksalsprognose.

Die wohl wichtigste Grenze für Tarot gilt zugleich für jegliches Hilfsmittel, dessen sich Menschen bedienen, um ihre Schicksalsfragen zu beantworten: Tarot darf die eigene wache Verantwortung, die innere Stimme oder auch höhere Führung aus geistigen Ebenen, und nicht zuletzt einen gesunden Menschenverstand, gepaart mit Lebenserfahrung und Mitgefühl, keinesfalls ersetzen – sondern muß sie unterstützen und fördern!

Das »Tarot der Liebe« –

eine neue Chance zum Verständnis wichtiger Lebenssituationen

II
Die Grossen Arkana – ein Spiegel unserer Persönlichkeit in zwischenmenschlichen Beziehungen

Einführung

Die 22 Bildkarten der Großen Arkana können, je nach Bewußtseinsentwicklung, als Spiegel, Aufruf, Inspiration, Omen, Warnung, Wegweiser, Aufgabe, Herausforderung oder Verheißung wirken. Wenn eine oder mehrere dieser von 0 bis 22 numerierten Karten (mit der 23. Zusatzkarte) im *»Tarot der Liebe«* auftauchen, sollten wir uns unter anderem folgende Fragen stellen:

- In welchem Entwicklungsstadium bin ich zur Zeit in meiner Beziehung? Einfacher: Wo stehe ich?
- Was bedeutet (mir) die Partnerschaft?
- Was erwarte ich? Und was will, was kann ich geben?
- Wie sehe ich meinen Partner?
- Welches Entwicklungspotential steckt noch in der Partnerschaft?

Sie werden in unserem Buch immer wieder feststellen, daß wir kein Blatt vor den Mund nehmen und die Dinge gern so deutlich wie möglich beim Namen nennen. Das heißt nicht, daß wir unromantisch oder gar Beziehungszyniker wären. Im Gegenteil! Nach unserer Lebenserfahrung hilft kein Schönen und kein Zuckerguß, sondern nur ein offenes Ansprechen der Probleme.

Sie werden aber auch bemerken, daß wir *immer* auf konstruktive, lebensbejahende, positive Ansätze hinweisen! Unser Ideal ist die schöpferische, freie und umfassende (Liebes-)Beziehung, die Raum für Entwicklung, Verantwortung *und Unvollkommenheit* läßt.

Wie einzelne Menschen, so durchlaufen auch menschliche Beziehungen definierbare Entwicklungsstadien. Eine Partnerschaft besitzt eine eigene Dynamik. Das ist keineswegs eine Binsenwahrheit, sondern eine Tatsache, die leider fast immer übersehen wird.

Alle großen Dinge sind einfach – so auch das »Problem« der partnerschaftlichen Beziehungen:

1. Jede Partnerschaft wird auch durch »Naturgesetze«, menschliche Rhythmen, körperliche, psychische und seelische Entwicklungsabläufe bestimmt. Hier geht es um lebendiges Fließen, um ständigen Wandel.
2. Jeder Mensch trägt jedoch Wünsche, Erwartungen und Projektionen mit sich herum – weil er durch Erziehung, Kultur, Kirche, Gesellschaftsnormen, Karma, Schicksal, Unbewußtes und andere Faktoren »programmiert« ist, zumeist unbewußt. Bei diesen verinnerlichten Programmen geht es fast immer darum, ein fest vorgestelltes Ideal zu erreichen. Wenn das nicht gelingt, sind Beziehungsprobleme die Folge. Dabei sind unsere Erwartungen, andere Menschen müßten unsere eigenen Vorstellungen erfüllen, von vornherein zum Scheitern verurteilt.
3. Menschen ziehen einander manchmal wie magisch an. Das halten viele für »Liebe« – doch zu oft stellt es nur eine Symbiose komplementärer Neurosen dar.

Das Ego, in der Sucht nach der Vollkommenheit seiner Ideale, verhärtet sich und übersieht oder mißachtet natürliche Abläufe. Es kommt zu Blockaden, »nichts geht mehr«. Kommunikation, Sexualität, Intimität, Liebe, Einverständnis sterben ab. Leiden, Trauer, Leere, Schuldgefühle, Aggressionen stellen sich ein.

4. Oft kriseln unsere Partnerschaften, weil wir ihre Wirklichkeit nicht gesehen, nicht anerkannt haben. Statt dessen versuchen wir, unsere Vorstellung der Wirklichkeit durchzusetzen. Das ist von vornherein aussichtslos – weder unsere Persönlichkeit noch die Partner machen da auf Dauer mit.
5. Die vielleicht einzige Lösung lautet: Loslassen! »Wir können keine Probleme lösen. Wir können nur uns von den Problemen lösen!« lautet ein weises Sprichwort. Aber wer will das schon? Wer ist bereit, die *freie* und gleichzeitig verantwortliche Partnerschaft auch nur auszuprobieren?

Wir hören manche Leser sagen: »Ja, aber so einfach geht das nicht!« Warum eigentlich nicht? Wir müssen unser Leben *jetzt* leben, *selbst*, nicht irgendwann und irgendwie später!

Im *»Tarot der Liebe«* werden alle Karten jeweils wechselseitig gedeutet:

- Was heißt die Karte für den einzelnen?
- Was sagt sie über Zustand und Ebene der Partnerschaft aus?

Lassen Sie uns ohne weitere Vorreden einfach hineinspringen in die gischende Brandung oder die mitreißende Strömung jener geheimnisvollen, erregendsten Kraft, die uns im Leben bewegt: die persönliche Beziehung zu einem anderen Menschen.

Damit das etwas leichter fällt, beschreiben und deuten wir zunächst kurz die 22 Trümpfe und den »Joker« mit ihren wesentlichen Aussagen zu Liebe und Partnerschaft.

Die 23 Karten der Großen Arkana: eine Übersicht

0 Die *Narren:* (Der Narr)*	Illusionen von idealer Liebe und Verantwortungslosigkeit *oder* Verwirklichung wirklich unabhängiger Liebe nach dem Motto: »Es muß nicht immer Karma sein!«
1 Der *Magier*:	Aufbruch in eine Beziehung; mit männlichen Yang-Kräften den Partner formen wollen; Liebhaber, Angebeteter.
2 Die *Hohepriesterin*: (Päpstin)	Innere Verbindung zu spirituellen Quellen; mit weiblichen Yin-Kräften den Partner erleuchten wollen; Geliebte, Angebetete.
3 Die *Urmutter*: (Herrscherin)	Schöpferisch gebärende Partnerschaft; reife Frau, Mutter; fließende Liebe.

* In Klammern gesetzte Kartenbezeichnungen finden sich oft in anderen Tarotsystemen. Bereits in unserer Wortwahl drückt sich der durchweg positive Deutungsansatz des »Tarot der Liebe« aus.

4 Der *Urvater*: (Herrscher)	Geordnete, schützende Partnerschaft; reifer Mann, Vater; geformte, strukturierte Liebe.
5 Der *Meister*: (Papst)	Eine Beziehung einer weltlichen Ordnung oder Moral unterstellen; geistige Führung in Beziehungen.
6 Die *Liebenden*:	Erwachende oder erlebte Sexualität; erotische Anziehungskraft; neue Liebe; Entscheidung über Partnerschaft.
7 Das *Gefährt*: (Der Wagen)	Feste Gemeinschaftsbindung und jeweils eigene Lebenswege erfordern waches Auseinanderhalten und klaren Austausch der individuellen Interessen und Bedürfnisse der (Lebens-, Weg-) Gefährten.
8 Der *Ausgleich*: (Die Gerechtigkeit)	Bilanz ziehen in der Partnerschaft; dem anderen und sich selbst gerecht werden; oder Verurteilung.
9 Die *Suchenden*: (Der Eremit)	Jeder kann/muß eine Zeitlang allein = all-eins sein und Zeit gewinnen, sich selbst wieder neu zu entdecken.
10 Das *Schicksalsrad*: (Glücksrad)	Ein neuer Zyklus beginnt; man muß sich auf neue Strömungen im Lebensfluß einlassen können oder vorübergehend im alten Karma untertauchen.
11 Der *Höhepunkt*: (Die Stärke)	Sanfte Beherrschung bewußt erlebter Erotik; die Anima in

	Liebe und Partnerschaft aktiv und kreativ ausleben oder sich von ihr erheben lassen.
12 *Kopfüber*: (Gehängter)	Gewohnte Gesichtspunkte und Standorte werden aufgegeben; (unfreiwillige?) Auseinandersetzung mit einer Partnerschaft, ohne festen Boden unter den Füßen.
13 Die *Verwandlung*: (Der Tod)	Auflösung alter, nicht mehr lebensfähiger Formen von Beziehungsmustern; Chance zum Neubeginn; Abschied und stille Vorbereitung auf neue Begegnungen.
14 Das *Maß*: (Mäßigkeit)	Ausgleich geistiger und körperlicher Energien; Yin-Yang-Harmonie in der Partnerschaft; Grundlage für eine Seelenpartnerschaft durch ganzheitliche Selbsterfahrung.
15 Die *Verstrickung*: (Der Teufel)	Neurotische Anziehung bzw. karmische Bindung gewinnen Gewalt über Liebe oder Partnerschaft; Fallstricke alter negativer Verhaltensmuster; die Probe aufs Exempel, wo man noch »festhängt«.
16 Der *Blitz*: (Turm)	Scheinbar von außen kommende plötzliche Veränderung in einer Beziehung; der Zwang, Masken abzunehmen und selbstgebaute Gefängnisse zu verlassen.

17 Der *Stern*:	Hoffnung; harmonische Schwingungen aus höheren Dimensionen beleben und bereichern eine Partnerschaft.
18 Der *Mond*:	Sehnsucht nach Seelenpartnerschaft; intuitive oder mediale Öffnung für neue Beziehungsebenen.
19 Die *Sonne*:	Lebensgenuß und irdische Erfüllung in einer Partnerschaft als Geschenk einer überirdischen Sphäre.
20 Der *Ruf*: (Jüngstes Gericht)	Geistige Wiedergeburt einer Beziehung; Aufruf zur Neuorientierung; Überprüfung des Lebenswegs.
21 Die *Schöpfung*: (Welt)	Vollendung einer karmischen Beziehung durch schöpferisches Ausleben des Potentials; oder Auflösung einer Beziehung in beiderseitigem Einverständnis.
22 *Seelenpartnerschaft*:	Begegnung mit dem Seelenpartner; Chance der freien Entscheidung; »Blankokarte«.

Unser Deutungssystem

Alle Tarotspiele sind weitgehend einheitlich numeriert. »Der Narr« ist immer 0, »Der Magier« 1 und so weiter bis zur »Welt«, Karte 21. Lediglich sind manchmal »Ausgleich–Gerechtigkeit«, 8, mit »Stärke–Lust«, 11, vertauscht. Wir halten uns hier an die gängigste Einteilung.

In manchen Spielen gibt es einen »Joker«, eine weiße Karte oder »Blankokarte«, die anzeigen soll, daß der Fragesteller vom Schicksal für einen Augenblick freie Hand für spontane Entscheidungen erhält. Bei uns ist dies die Karte 22, »Seelenpartnerschaft«.

Was ist die erste Karte im Tarot? Die Karte 1, »Der Magier«? Oder etwa die Karte 0, »Die Narren« oder »Der Narr«? Was meinen Sie?

Sind wir in unserer Beziehung schon so gelöst-gelassen, daß wir sicheren Schritts auf dünnem Seil über dem Abgrund unseres rätselhaften und gleichzeitig wundervollen Lebens schreiten können? Erlauben wir dabei unserem Partner, auf diesem einen dünnen Seil jeweils unsere eigene Richtung einzuschlagen?

Schauen Sie sich die Karte an. Die Künstlerin Marcia Perry und wir nennen die Karte »Die Narren« (denn es sind ja in einer Partnerschaft immer zwei!). Ihre Botschaft könnte lauten: »Vertraue genug, um loslassen zu können.«

Der Narr ist entweder ein »unbeschriebenes Blatt«, ein Mensch, der sich noch im Stande des unschuldigen Unwissens, der noch nicht gemachten Erfahrungen befindet; oder er ist von allen irdischen Zweifeln, Verhaftungen und Bindungen bereits wieder gelöst. Die Partnerschaft der beiden Narren ist entweder noch völlig ungelebt oder vollkommen durchlebt. So oder so unterliegen sie den Gesetzen der Welt noch nicht oder nicht mehr.

Wie wir die Karte 0 sehen und deuten, steht *nach* der Karte 21 nachzulesen – also am Schluß der Karten der Großen Arkana. Wir fangen mit 1, nicht mit 0 an.

Damit sich auch Tarotneulinge gut zurechtfinden, haben wir folgendes System zur Interpretation gewählt:

1. Zunächst beschreiben wir die Karten kurz und weisen auf Besonderheiten im Vergleich zu wichtigen anderen Spielen hin. Dann gehen wir stichwortartig auf die *allgemeine*, auch traditionelle *Bedeutung* der Karten der Großen Arkana ein. Und wir nennen beispielhaft Menschen, die in gewisser Weise die Qualitäten der jeweiligen Karte verkörpern.
2. Dann folgt ein eigener Abschnitt zum Aspekt *Liebe* – Ehe, intime Partnerschaft, Lebensgemeinschaft. Dabei verstehen wir die jeweilige Tarotkarte als Spiegelbild des Zustands und der Eigendynamik einer Beziehung.
3. Im dritten Teil gehen wir darauf ein, was die jeweilige Karte für die *Familiensituation* anzeigt.
4. Danach folgen Hinweise für Beziehungen zwischen *Partnern* und *Freunden*.
5. Zum Schluß weisen wir darauf hin, wie sich die in der jeweiligen Karte dargestellten Energien auswirken, wenn wir ihrer *nicht bewußt* sind; es geht dann also um die Negativseiten einer Kraft, eines Entwicklungsstadiums.

Noch ein wichtiger Hinweis: Das *»Tarot der Liebe«* ist für *alle* Tarotkartenspiele gültig. Sie können die systematisch aufgebauten Deutungshinweise also *auch dann* anwenden, wenn Sie ein anderes Kartenspiel als das von Marcia Perry benutzen. Auf wichtige Eigenarten der beiden bislang bekanntesten Versionen, des »Crowley-Tarots« und des »Rider-Waite-Tarots«, gehen wir an geeigneter Stelle ein.

Die Kartensymbolik im »Tarot der Liebe«

Menschliche Figuren im *»Tarot der Liebe«* stehen entweder für Archetypen (Urbilder, »Vorbilder«, ererbte bzw. verinnerlichte oder auch aus früheren Leben karmisch eingeprägte »Erinnerungen«) oder für konkrete Personen.

Menschliche Figuren der Großen Arkana stehen meist, nicht immer, für Aspekte der *eigenen Persönlichkeit* in bezug auf die Frage oder Situation.

Menschliche Figuren in den 56 Karten der Kleinen Arkana stehen entweder für einen selbst *oder* für andere Personen, mit denen man in bezug auf die Frage oder Situation zu tun hat.

Alle Karten im *»Tarot der Liebe«* werden als symbolisch-bildhafter Ausdruck für die zwischenmenschliche Beziehung gedeutet, um die es dem Fragesteller geht.

Marcia Perry hat in ihren neuen Trumpfkarten bestimmte Energien, Einflußfaktoren und Entwicklungen auf einfühlsame Weise so versinnbildlicht:
- *Herzen* stehen für Liebe;
- *Kraniche* verweisen auf den Geist und die Seele der Menschen – in Japan sind Kraniche die Vögel der Liebe und des Glücks;
- *Regenbogen* symbolisieren göttliche Energie und deren belebende Wirkung auf die irdischen, physischen Ebenen;
- *Blumen* und Blüten stellen Wachstum und Entwicklung dar – ihre Farben und Formen deuten auf innere Bewegung, Gefühle und manchmal Geschlechtlichkeit hin;

- *Wellen* repräsentieren Geburt und Wandlung sowie die sich ewig erneuernde, schöpferische Kraft der Natur;
- *Yin-Yang*, das silbern-goldene, manchmal auch schwarz-weiße Zeichen der sich ergänzenden Gegensätze, stellt das natürliche, sinnvolle Gleichgewicht allen Lebens dar – »in der Mitte findet sich alles in Einem zusammen«;
- der *Himmel* weist auf die Schwingung sowohl der äußeren Umgebung als auch der seelischen Stimmung oder »Aura« hin.

Damit sind Sie mit Grundinformationen gut gerüstet. Jetzt können Sie sich mit uns auf die Reise durch die Archetypen unserer Seele machen: Wie gehen wir mit unserer Beziehung um? Wie gehen wir mit anderen um? Wie reagieren wir auf Probleme oder neue Entwicklungschancen?

Die Deutung der Karten im einzelnen

1. Der Magier

Kurzbeschreibung und Vergleich:

Im »*Tarot der Liebe*« sitzt der jugendliche Magier auf dem »Sma«, dem ägyptischen Symbol der Einheit, und probiert die Alchimie der Begegnung von Yin und Yang, von weiblicher und männlicher Energie aus. Regenbogenenergien fließen in der Form einer Doppelschleife (Ewigkeitssymbol, DNS-Doppelhelix) zwischen den

Yin- und Yang-Hälften in seinen balancierenden Händen.

Im *Rider-Waite-Tarot* steht der Magier hinter einem Tisch mit den vier Symbolen (Kelch, Schwert, Stab und Scheibe); seine rechte Hand ist zum Himmel erhoben, die linke Hand weist zur Erde. Energien des Himmels sollen für die Erde umgeformt werden.

Im *Crowley-Tarot* gibt es gleich drei Magier – zum Aussuchen sozusagen. Einer fliegt, dem Götterboten Hermes gleich, durch die Himmel; ein zweiter erinnert an einen indischen Fruchtbarkeitsgott; der dritte ähnelt einer Statue mit maskenhaftem Gesicht, deren acht Hände diverse Symbole greifen.

Allgemeine Bedeutung:

Der Magier ist dabei, sich seiner eigenen Kräfte bewußt zu werden. Er ist aus dem »Paradies der Unwissenheit« erwacht. Er hat die Worte der Schlange der Weisheit gehört und probiert aus, ob sich ihre Einflüsterungen in die sichtbare Wirklichkeit umsetzen lassen. Er sieht sich als Schöpfer seiner Umwelt und will Kräfte beherrschen und einsetzen.

Der Magier symbolisiert das erwachende Selbstbewußtsein und die Kreativität, mit welchen wir die Verbindung zwischen Geist und Materie zu meistern suchen. Damit bedeutet sein magisch-alchimisches Wirken auch die Geburt des Ego-Ichs. Mit den gegebenen Verhältnissen ist der Magier nicht zufrieden – er will forschen, wandeln, Sinn erkennen. Oft geht er Risiken ein, ohne daß diese ihm überhaupt bewußt sind.

Der Magier hantiert mit den vier Elementen Feuer, Luft, Wasser und Erde – also mit vier Urgewalten –, die er kraft seines Geistes nach seinem Willen benutzen will.

Als Magier der Neuzeit können vielleicht gelten: der Magnetiseur Mesmer, der Zauberer Hanussen, möglicherweise der Wunderheiler Rasputin, sicher der Filmregisseur Spielberg, der Erfinder Edison, der Physiker Einstein. Sie zeichnen sich aus durch Mut, Originalität, offenen Forschergeist, Gestaltungswillen, Durchsetzungsvermögen. Die weniger strahlende Kehrseite dieser Medaille: eine noch »junge« Seele bleibt im eigenen Ich verhaftet, bis hin zu kindischen Verhaltensmustern oder Gauklertum.

Die Karte 1 ist ein Archetypus des Anfangs »männlicher« Schöpfung durch »Manipulation«, also wörtlich Handhabung.

Liebe:

Der Magier steht für eine junge männliche Kraft, den Wunsch nach begreifbaren Formen, einen noch jungenhaft-unbeschwerten Umgang mit Energien, erste Erfahrungen mit und in der Partnerschaft; für männliches Tantra und experimentierfreudige Sexualität; Eros und Libido suchen nach spielerischem Ausdruck.

Wenn eine Frau diese Karte für sich selbst zieht: Gestehen Sie sich selbst zu, mit imaginären oder realen Zauberstäben, goldenen Scheiben, feurigen Blitzen und geöffneten Blütenkelchen zu hantieren und jonglieren – voller Mut, Lebenslust und Selbstvertrauen.

Wenn sich die Karte auf einen Mann bezieht, so ist sie ein Zeichen dafür, daß ein starker Omnipotenztrieb nach Ausdruck sucht. Der Magier ist die männliche Kraft des Aufbruchs, die sich daran macht, Yin und Yang in der Lemniskate der ewig-unendlichen Acht auszugleichen – im realen Leben auf der Erde.

Der Zyklus jeder Partnerschaft wird eindeutig durch

einen ausgesprochen freiwilligen Willensakt in Gang gesetzt – auch wenn wir darüber ab und zu geflissentlich hinwegsehen wollen. *Wir* entscheiden uns ja, mit charismatischen Schwingungen zu manipulieren. Dazu setzen wir Augen, Stimme, Körperhaltung, Sex-Appeal ein; auf höheren Ebenen versuchen wir vielleicht, den Partner mit geistigen Interessen und Fähigkeiten zu beeindrucken.

Der Magier im Partnerschaftstarot fasziniert durch schillernde Vielseitigkeit, Intelligenz, vermeintliche Überlegenheit, aussichtsreiche Versprechungen. Eine Partnerschaft, die unter diesem Bild steht, bedeutet Hoffnung auf eine kreative Beziehung, die selbstbestimmtes menschliches Wachstum bringt.

Familie:

Auf eine familiäre Situation bezogen, bedeutet der Magier, daß es sich lohnt, sich klare Ziele zu setzen und diese gemeinsam anzustreben. Es gilt nun, die Unterscheidungskräfte zu stärken, um die Familienmitglieder je nach ihren persönlichen Vorlieben und ihrem Talent daran angemessen zu beteiligen. Welche elementare Energie aus dem symbolträchtigen Instrumentarium, das unserem Magier zu Gebote steht, entspricht dem am besten? Die Blüten, Blitze, Scheiben oder Stäbe? Also Gefühle, Gedanken, materielle Formen oder Intuitionen? Nur wenn die einzelnen Familienmitglieder ihre eigene Form der Mitwirkung finden und einbringen können, läßt sich ein gemeinsames Ziel realisieren.

Partner/Freunde:

Lust an der Entwicklung neuer Konzepte und konsequenter sowie inspirierter Einsatz, um sie erfolgreich zu verwirklichen. Der Partner, der sich lebhafter auszudrücken vermag, gibt den Ton an.

Man möchte außen manifestieren, was man innen spürt.

Nicht bewußt:

Männliche Eitelkeit; man benutzt und manipuliert andere; Überschätzung der Eigenkräfte; übersteigertes, maßloses Selbstwertgefühl; Steckenbleiben im Wunsch nach Selbstbefriedigung.

Schlüsselworte zum »Magier«:

Aufbruch in eine Beziehung; mit männlichen Yang-Kräften den Partner formen wollen; Liebhaber, Angebeteter.

2. Die Hohepriesterin

Kurzbeschreibung und Vergleich:

Im *»Tarot der Liebe«* blickt die sich aus ihrer eigenen Schöpferkraft gebärende Hohepriesterin zum Inbild einer Natur empor, die noch oder wieder eins ist. Getragen von den Flügeln ihrer Seele, hebt sie sich aus den Urkräften der Liebe empor. Sie stellt den irdischen Brennpunkt himmlischer Regenbogenenergien dar. Durch ihren Schoß wirkt das Mysterium der Menschwerdung, also die Manifestation von Geist in und durch einen Körper.

Im *Rider-Waite-Tarot* sitzt die Hohepriesterin auf einem Thron zwischen einer dunklen und einer hellen Säule (Yin und Yang); die Weltkugel ruht auf ihrem

Haupt, inmitten einer gehörnten Krone offensichtlich heidnischen Ursprungs. Ihr Körper ist verhüllt, ihr Gesicht aber sichtbar, mit offenen Augen. Auf der Brust trägt sie ein Kreuz, in der Hand hält sie eine Thora-Rolle; einen Fuß stützt sie auf einem Halbmond ab.

Die Hohepriesterin des *Crowley-Tarots* sitzt ebenfalls auf einem Thron und erhebt ihre Hände gen Himmel. Ihr Oberkörper ist entblößt, aber ihre ganze Gestalt ist wie von Schleiern leicht verhüllt. Im Vordergrund sind Kristalle, Früchte und ein weißes Kamel zu sehen.

Allgemeine Bedeutung:

Die Hohepriesterin steht für die Anima, die weibliche Energie, in jedem Menschen. Der Magier ist demnach der Animus, die männliche Seite. Während der Magier die vier Zaubersymbole der Blüten, Scheiben, Blitze und Stäbe in sichtbarer Gestalt braucht, um damit zu manifestieren, erschafft die Hohepriesterin aus dem »Nichts«. Aus dem Schoß der kosmischen Unendlichkeit (des »Nichts«) gebiert sie *alles*!

Sie ist die Mittlerin innerer Weisheit und intuitiven Wissens, sie ist ein Kanal (»Channel«). Allerdings stellt sie ihre Qualitäten und Fähigkeiten nicht so auf dem Jahrmarkt der Eitelkeiten zur Schau wie vielleicht der Magier. Suchende Seelen müssen sich auf den Weg zu ihr in die eigenen Innenräume begeben. Ihre innere Stimme vermag geistige Klarheit zu offenbaren.

Hohepriesterinnen besonderer Art waren die PYTHIA des Orakels von Delphi und die ägyptische SPHINX der Mythologie. Während Pythia ratsuchenden Menschen durch die scheinbare Zweideutigkeit ihrer Antworten Rätsel aufgab, stellte die Sphinx Menschen auf die Probe. Wer ihr nicht antworten konnte, den verschlang dieser geflügelte Löwe mit Frauenkopf und -brust. (Wir begegnen ihr bei Karte 11, der Stärke, in manchen Tarotspielen wieder.) Nur Ödipus weiß der Sphinx die rechte Antwort zu geben – weil er, was manchmal schamhaft verschwiegen wird, seine eigene Mutter in ihrem Wesen als Schöpferin, die ihn gebar, *und* zugleich als Frau »erkannt« hatte.

Sowohl die Pythia als auch die Sphinx fordern den Menschen heraus, in sich selbst existentiell entscheidende Antworten zu finden. Wer *»Die Nebel von Avalon«* von MARION ZIMMER BRADLEY gelesen und genossen hat, wird auch in MORGAINE eine Priesterin erkennen – indes nicht als entrückte, bereits fertige Figur, sondern als leidenschaftliche Frau, die sich zur Vollkommenheit der Hohenpriesterin erst durchlieben und durchleiden muß.

Die Karte 2 ist ein Urbild des Geheimnisses »weiblicher« Schöpfung; sie ist das Bild einer Seherin.

Liebe:

Als ein eher transzendentes Spiegelbild des Magiers stellt die Hohepriesterin die unsichtbaren, nicht handfest greifbaren, oft geheimnisvoll verborgenen Urgründe, ursprünglichen Motivationen und geistigen Themen einer Partnerschaft dar. Sie steht für weibliches Tantra; die Vereinigung im Energiekörper bzw. auf der Astralebene; Sexualität als heiliges Mysterium; die Frau als Priesterin der Initiation.

Für eine Liebesbeziehung gezogen, weist diese Karte auf eine starke Tendenz hin, Emotion und Spiritualität zu verbinden.

Die Priesterin steht für die Kraft der Göttin in einer Partnerschaft: sich einzustimmen auf den Blick in die tiefblaue Unendlichkeit des gestirnten Nachthimmels – und die Augen des/der Partners/in; den milden Schein des Vollmondes in sich einfließen zu lassen – und die Seelenströme des anderen. Einmal ohne »Logik« und »Ratio«...

Mehr als bei jeder anderen Karte entziehen sich die Schwingungen der »Hohenpriesterin« sachlich-gegenständlichen Beschreibungen. Die Bedeutung wird vom jeweiligen Fragesteller eher erahnt und erfühlt als intellektuell erfaßt.

Das Wesen der Priesterin ist das sorgsam gehütete Mysterium der Seele, aus deren »Leere« Glücksempfindungen scheinbar grundlos hervorquellen.

Familie:

Hier steht die Hohepriesterin für die wissende Frau, die Meisterin, die Hüterin des Feuers und des inneren Tempels; für geistige Führung durch weibliche Weisheit; für Schutz durch Vertrauen in die eigene Intuition. Die Priesterin zeigt in einer Familienfrage die Notwendigkeit an, auf die Stimme der Seele zu hören und ihr zu folgen.

Partner/Freunde:

In diesem Zusammenhang bedeutet die Hohepriesterin: Offenheit für Impulse von innen und außen; »Kanal« sein für feinstoffliche Energien; eine spirituelle Aufgabe verbindet; die Chance, aus einer unergründlichen inneren Quelle Kraft zur Innenschau – auch in »Abgründe« der Seele – zu erlangen.

Nicht bewußt:

Unbewußt hängt man der Illusion nach, Kanal göttlicher, kosmischer Energien zu sein, obwohl die von »oben« oder »innen« aufgenommenen Impulse und Schwingungen nur die eigenen Blockaden und Konditionierungen darstellen, die sich in verschleierter, sublimierter Gestalt einschleichen.

Spiritualität wird als Vorwand benutzt, sich nicht mit der Welt auseinandersetzen zu müssen; man flüchtet sich in ein geistig-überhöhtes (überfrachtetes) Ego-Ich.

Schlüsselworte zur »Hohenpriesterin«:

Innere Verbindung zu spirituellen Quellen; mit weiblichen Yin-Kräften den Partner erleuchten wollen; Geliebte, Angebetete.

3. Die Urmutter

Kurzbeschreibung und Vergleich:

Im *»Tarot der Liebe«* wendet sich eine Frau mit offenen Armen dem Betrachter zu; hinter ihrem schützenden Rock lugt ein Kind und unter ihrem Rocksaum ein Kaninchen hervor. Dieser Frau wendet sich der Kranich der Seele ebenso zu wie Fisch, Schmetterling und geöffnete Blüte. Sie steht auf der silbernen Yin-Hälfte der Ganzheit. Der Himmel über ihr wird von einer feinen Mondsichel bekränzt – sie entfaltet einen Regenbogen. Die Herrschaft (Frauschaft!) dieser Frau wird durch die sanfte, wissende Kraft der von ihr regierten Natur dargestellt.

Im *Rider-Waite-Tarot* lehnt die »Kaiserin« auf einem freistehenden Thronsitz, auf Kissen gestützt. Als Zeichen ihrer Herrschaft hält diese Frau eine Art Zepter in der Hand. Eine Sternenkrone schmückt ihr Haupt. Ihr Schild zeigt die Venussignatur – ihr Platz ist ebenfalls in der Natur.

Diese Frau zeigt im *Crowley-Tarot* ihr Gesicht im Profil; sie blickt den Betrachter nicht an, wie auf den beiden oben beschriebenen Tarotkarten. Ihre ausladende Krone hält in ihrer Mitte eine Weltkugel mit dem Kreuz darauf. Eine Lotosblume in der Hand zeigt ihre Herrschaft über die Natur. Ein Schwan symbolisiert Reinheit und ewiges Leben; die beiden Greifen auf ihrem Schild stehen für Wach- und Wehrsamkeit. Zwei Monde weisen auf ihre Yin-Kräfte hin.

Allgemeine Bedeutung:

Die Urmutter ist die Frau, die ganz in der Welt lebt. Als Karte 3 trägt sie bereits die nach außen drängenden Kräfte des Magiers, 1, und die nach innen gerichteten Energien der Hohenpriesterin, 2, in sich. Die erste irdische, »menschliche« Karte stellt eine Frau dar, aus der immer wieder neue schöpferische Energien fließen und sich lebendige Formen schaffen.

Die Urmutter repräsentiert die große Erdenmutter, die aus dem vollen schöpft, die das pralle Menschenleben darstellt. Sie quillt über vor schöpferischen Kräften. Sie steht für seelische und irdische Fruchtbarkeit, Überfluß, Gesundheit, »weibliche« Erfüllung.

Die Urmutter war und ist imstande, sich das eigene Paradies auf Erden zu schaffen. Ihr reicher Garten Eden ist nicht auf »männlichen« Gedankenprojektionen oder Machtkonstruktionen aufgebaut, sondern auf ihrer natürlichen Würde und reichen Kreativität.

Die griechische Göttin DEMETER, »Mutter Erde«, ist eine mythische Vertreterin der Urmutter. Die Kaiserin

Maria Theresia von Österreich mit ihrer fruchtbaren Lebenslust und klugen Herrschaft personifizieren ebenso Aspekte der Urmutter wie die Venus und die Madonna.

Das »*Tarot der Liebe*« nennt diese Karte »Urmutter« und *nicht* »Kaiserin« oder »Herrscherin«, weil damit nicht nur die herrschende, sondern auch die schöpferische Kraft besser zum Ausdruck kommt.

Liebe:

Die Urmutter ist die Herzensdame! Während die Hohepriesterin eher eine fast jungfräulich-zurückhaltende oder tantra-erfahrene Aura auszustrahlen vermag, ist die Urmutter ein »ganzes Weib«. (Warum eigentlich ist in der deutschen Sprache »Weib« sächlich – ähnlich wie »Mädchen«?) Sie ist die erwachsene Partnerin eines (hoffentlich ebenfalls erwachsenen) Mannes.

Ihre sexuellen Kräfte strömen frei – sie ist nicht verklemmt oder verkrampft. Ohne Schuldgefühle kann sie geben *und* nehmen! Ja, das ist nicht nur erlaubt, sondern notwendig! Sie versteht es, ihrem Partner Erfüllung zu geben – und sich von ihm erfüllen zu lassen.

Wenn ein Mann diese Karte zieht, so erhält er damit einen Fingerzeig auf eine gut entwickelte Anima, die es gleichwertig auszuleben gilt, oder auf die bewußte Auseinandersetzung mit der Urmutter.

Familie:

Auf die Familie bezogen, steht die Urmutter für die starke und liebevolle Mutter; für Kinderwunsch und Mutterschaft; für Herzenswärme; für schöpferische Kräfte, die zur Verwirklichung drängen.

Wenn die Urmutter in bezug auf eine familiäre Angelegenheit gezogen wird, sollten versöhnliche Gemütstendenzen den Vorrang erhalten.

Partner/Freunde:

Die Urmutter bedeutet in diesem Zusammenhang einfühlsame gegenseitige Unterstützung, freigebige Förderung, gedeihliche Partnerschaft, günstiges »Klima« für Wachstum und Entwicklung. Die Urmutter kann hier auch für eine inspirierende Muse stehen oder als Aufforderung, natürliche Harmonie herzustellen.

Nicht bewußt:

Viele Menschen gestehen sich und anderen die Kraft und Würde der Urmutter und Herrscherin leider (noch) nicht zu, weil es sie erschreckt, daß weibliche Energien so stark und schöpferisch sein können. Aus Angst verdrängen sie das Potential dieses Frauenarchetypus.

Andererseits kann man auch verzerrte Herrscherinnengestalten beobachten, die angebliche Muttergefühle hegen, während sie sich in Wirklichkeit als erdrückend-bemutternde Oberglucken mit Schlüsselgewalt gebärden.

Wenn die auch sexuelle Komponente der Herrscherin nicht (mehr) erlebt wird, bricht sich diese Energie manchmal eine andere Bahn; dann führt sie oft in die Sackgasse einer oberflächlichen Herrschsucht.

Schlüsselworte zur »Urmutter«:

Schöpferisch gebärende Partnerschaft; reife Frau und Mutter; fließende Liebe.

4. Der Urvater

Kurzbeschreibung und Vergleich:

Im *»Tarot der Liebe«* sitzt ein gutmütig aussehender, bärtiger Mann frei auf einem herzförmigen Podest. Seine Füße stützt er auf ein goldenes Yang-Symbol. Eine Scheibe wie eine Weltkugel unter einem Arm und ein Blitz wie ein Zepter fest in einer Hand symbolisieren die Beherrschung irdischer Kräfte. Sein Seelenvogel wendet sich dem Schild der Liebe zu. Die Karte zeigt ein positives Bild des schützenden Urvaters.

Eher streng blickt uns im *Rider-Waite-Tarot* ein Kaiser auf einem Steinthron an. In der einen Hand hält er ein Henkelkreuz, in der anderen Hand eine goldene Kugel. Er trägt offensichtlich eine Ritterrüstung, darüber einen roten Mantel und auf dem Haupt eine Krone wie Kaiser Karl der Grosse. Ein typisches Inbild männlicher Macht.

Ganz in roten und gelben Farben blickt im *Crowley-Tarot* ein recht eleganter, gekrönter Herrscher zur Seite – erneut also eine Figur im Profil. Das Szenario dieser Karte bilden ein Zepter in der einen und eine Reichskugel in der anderen Hand, ein Lamm und ein Schild mit zwei Greifen zu Füßen sowie zwei Steinböcke hinter seinem ausladenden, gerundeten Thron.

Allgemeine Bedeutung:

Der Urvater ist das Sinnbild von Autorität und Erfahrung, von Kompetenz, geordneter Struktur, Güte und Macht. Sein Archetypus steht für die schützende und erhaltende Kraft in der Schöpfung.

Inneren Gesetzmäßigkeiten im Leben der Menschen

verleiht er äußere Formen und Gemeinschaftsregeln. Er ist seiner selbst sicher und vermag anderen Halt zu geben. Mit der ihm zu Gebote stehenden Energie und Stärke kann er etwas in der Welt bewirken.

Der Urvater verkündet und handelt als Vollstrecker kollektiver Ziele. Er fungiert als Vater einer ganzen Zivilisation.

Zeus, Salomon, Cäsar und Karl der Grosse, aber auch Gorbatschow und – zumindest für viele Bayern – Franz Josef Strauss zählten bzw. zählen zu solchen fast uneingeschränkt herrschenden Ur- oder Übervätern.

Anstelle der sonst gebräuchlichen Bezeichnungen »Kaiser« oder »Herrscher« haben wir für diese Karte den Begriff Urvater gewählt, um die allgemein männlich-*menschlichen* Qualitäten der betreffenden Figur stärker zu betonen.

Liebe:

Der Urvater repräsentiert die erfahrene männliche Kraft, aber auch den Übervater, den Herrscher, den älteren Mann/Liebhaber einer jüngeren Frau sowie die beherrschte Liebespotenz. Auf einer anderen Ebene bedeutet die Karte, daß man sichere Liebesverhältnisse anstrebt.

Wenn ein Mann diese Karte erhält, so sollte er prüfen, ob er die Qualitäten des Urvaters oder Herrschers bereits verwirklicht *oder* (noch) verdrängt *oder* übertrieben ausspielt.

Wenn eine Frau den Urvater zieht, so ist dies ein Hinweis auf einen solchen Mann in ihrem Leben *oder* den Wunsch danach *oder* darauf, daß sie ihre eigene Männlichkeit noch ausleben muß!

Familie:

Der umsichtige Versorger schafft Geborgenheit; der wohlwollende Patriarch übernimmt Verantwortung für die Familie – für viele Frauen *der* Mann zum Heiraten!

Wenn diese Karte auf eine Familienfrage fällt, so ist Hilfe bei Schwierigkeiten und Klärung verworrener Umstände zu erwarten.

Partner/Freunde:

Ein Erbonkel, ein Mäzen oder ein einflußreicher Mann greift unter die Arme. Auch kann diese Karte auf eine Freundschaft mit einem erfahrenen Mann hinweisen; auf gemeinsame Entwicklung innerhalb einer festen Ordnung; oder auf die Notwendigkeit, reifer und erwachsener zu werden und mit anderen umgehen zu lernen.

Nicht bewußt:

Zu den negativen Seiten des »Urvaters« gehören die Neigung zu Tyrannenherrschaft und Machtmißbrauch; Herzlosigkeit angesichts des Leidens von Mitmenschen, für die man angeblich nur deren Bestes will (was diese anders sehen!); Grausamkeit im Namen eines abstrakten Gesetzes. Andere Meinungen gelten wenig und werden unterdrückt.

Schlüsselworte zum »Urvater«:

Geordnete, schützende Partnerschaft; reifer Mann oder Vater; sicher geformte, strukturierte Liebe.

5. Der Meister

Kurzbeschreibung und Vergleich:

Getreu unserer Überzeugung, daß positive, konstruktive Impulse letztlich mehr bewirken als kritische oder gar zynische, stellt Marcia Perrys *»Tarot der Liebe«* den Meister nicht als einen Mann dar, der geistige Gesetze erläßt oder versucht, Dogmen aufzustellen und durchzusetzen. Vielmehr sehen wir eine Person, die selber nach oben schaut – vielleicht suchend, vielleicht wissend. Symbole vieler Glaubensrichtungen weisen darauf hin, daß es mehr als einen Weg zur Wahrheit gibt. Die Suche im Nachtblau des Himmels gründet im roten Herzen menschlicher Liebe.

Im *Rider-Waite-Tarot* hebt ein eindeutig als Papst gekennzeichneter Mann belehrend und beschwörend die rechte Hand. Auf dem Kopf trägt er die Autorität verleihende Tiara, die dreifache Papstkrone. In der erhobenen linken Hand hält er einen Kreuzstab. Zwei Menschlein sehen und hören ihm offensichtlich respektvoll zu – beide stehen (oder knien) tief unter ihm.

Der Hohepriester genannte Mann des *Crowley-Tarots* hat seine Augen geschlossen. Mit den Händen weist er eher nach unten. Im Herzen trägt er einen Fünfstern mit dem Archetypus eines neu geborenen Menschen. Er wird umgeben von Symbolen und Gestalten der Weisheit – und vielleicht geführt von einer verschleierten Priesterin.

Allgemeine Bedeutung:

SALLIE NICHOLS, Autorin von *»Die Psychologie des Tarot«*, nennt diese Karte, die bei ihr »Der Papst« heißt, auch »Das sichtbare Antlitz Gottes«. Damit ist der Meister ein männliches Gegenstück zur Hohenpriesterin. Während diese *Hüterin* göttlicher Mysterien ist, agiert der Meister als *Verkünder* göttlicher Weisheit.

Die geschichtliche Problematik der Verkünder göttlicher Weisheit und Träger des »sichtbaren Antlitzes Gottes« liegt offen vor uns – von der Christenverfolgung über die Verbreitung eines Glaubens mit Feuer und Schwert, Inquisition und »Hexen«verfolgung bis hin zu Unfehlbarkeitsdogmen und Ayatollah-Theokratien: Die Absicht, Gottes Gesetze und Worte der Menschheit zu übermitteln, entsprang anfangs sicher ehrenwerten Motiven. Befähigt, als Künder göttlicher Weisheit aufzutreten, sind naturgemäß aber nur solche Menschen, die eigene religiöse = rückverbindende innere Erfahrungen und »Erleuchtung« erlangt haben. Dies waren zu allen Zeiten und in allen Religionen die *Mystiker, nicht* die Theokraten und Dogmatiker.

Gerade diese Mystiker wurden und werden aber aufgrund von Machtinteressen oft genug daran gehindert, göttliche Weisheit frei zu verkünden. Statt der Mystiker haben sich intellektuelle und blutleere Traditionalisten und Kirchenpolitiker zu Zuchtmeistern in Fragen Religion und Gottesdienst, Ethik, Moral und Erlösung der Seele aufgeschwungen nur durch ihren Gott, nur auf ihrem Weg, nur in ihrer Kirche. Um nur ein Beispiel aus neuerer Zeit zu nennen: Während es christlichen Missionaren und dem Papst als selbstverständlich vorkommt, in Indien Menschen zu »bekehren«, wird so manchen indischen Gurus alles mögliche in den Weg gestellt, um Vortragsreisen derselben hierzulande zu verhindern. Bringen Gurus das Abendland in Gefahr? Religiöse Freiheit ist auch in Westeuropa leider oft nur Heuchelei.

Im positiven Sinn kann der Meister Vertrauter, Guru, Hohepriester, Mystiker, Ratgeber, spiritueller Freund und Lehrer sein, welcher einer Partnerschaft eine geistige Richtung weist. Einerseits weiß er um die inneren Geheimnisse der Schöpfung, andererseits kennt er auch die menschlichen Kämpfe im Hier und Jetzt der unausweichlichen Lebensbedingungen. Er vermag Trost und Hilfe zu schenken, weil er solche Kämpfe selbst durchlebt hat. Er betrachtet sich selbst als *Sucher*!

Diesen Archetypus verkörpern unter anderem der alttestamentarische MOSES, der keltische Druide MERLIN, der rätselhafte SAINT GERMAIN, vielleicht sogar JESUS VON NAZARETH.

Anstelle von Papst oder Hoherpriester haben wir den Begriff Meister gewählt, um einen Archetypus moderner zu bezeichnen, mit dem wir alle immer wieder direkt zu tun haben (können). Natürlich kann diese Person auch eine Frau sein! Die Darstellung im *»Tarot der Liebe«* läßt diese Interpretation absichtlich offen.

Liebe:

Was hat ein Meister mit Liebe zu tun? In unserer zölibatär-lebensfeindlichen Gesellschaftsreligion nur wenig – sehr viel dagegen in einer offenen Wirklichkeit!

Denn wie er um die Geheimnisse der Schöpfung weiß (wissen sollte), so kennt er auch die Macht der Sexualität, die erotischen Kräfte und die Stärke der Liebe.

Traditionell wird ein Hoherpriester einen bestimmten Sittenkodex vertreten, der die Liebe »kontrollierbar« macht: zum Beispiel Ehegesetze. Er kann sich aber auch durchaus als Meister der Menschwerdung zeigen, welcher Liebe – auch in ihrem körperlichen Ausdruck – zur Entwicklung einzusetzen weiß.

Wenn diese Karte für eine Partnerschaft gezogen wird, so kann sich darin der Wunsch spiegeln, der Gemeinschaft eine anerkannte Struktur zu geben – zum Beispiel eine Ehe einzugehen – *oder* gemeinsam nach spirituellen und ethischen Maximen zu leben.

Familie:

Religion schafft eine gemeinsame Mitte, eine Basis und Zusammenhalt. Weltanschauungen und Glaubensüberzeugungen vermitteln Lebenssicherheit und -führung.

Werte und Lebensgefühl werden durch anerkannte Traditionen geprägt. Das Familienleben bekommt einen (neuen) Sinn.

Partner/Freunde:

Auf Partnerschaften und Freundschaften bezogen, steht der Meister für die Kraft geistigen Durchblicks und der sinnvollen Übertragung alter, höherer Weisheit auf irdische Lebensverhältnisse.

Nicht bewußt:

Über diese positiven Kräfte dürfen die negativen Seiten des Meisters nicht vergessen werden: Er erzeugt und nutzt spirituelle Ängste, um Macht auszuüben; er verteufelt, je nach konfessioneller Bindung, bestimmte Aspekte des natürlichen menschlichen Lebens; mit Dogmen begründet er Grausamkeiten. Freie, unkontrollierte Formen von Lebensfreude unterdrückt er. Dabei beruft er sich gern auf angeblich gottgewollte Sittenzwänge.

Oft spielt sich ein Partner als »Guru« des anderen auf – die Partnerschaft ist (wird) dann hochneurotisch.

Schlüsselworte zum »Meister«:
Eine Beziehung wird einer weltlichen Ordnung oder Moral unterstellt, die religiös motiviert ist; geistige Führung in der Partnerschaft.

6. Die Liebenden

Kurzbeschreibung und Vergleich:

Das *»Tarot der Liebe«* zeigt Frau und Mann in inniger, intimer Umarmung – genau wie ihre Seelen, dargestellt durch die Kraniche auf dem Berg. Das Paar wird von einem Regenbogenband umschlungen, es steht auf den sich ergänzenden Yin- und Yang-Symbolen. Eine üppige Natur mit Wellen und Blumen sowie ein leuchtendes Herz verheißen – wenigstens für diesen Augenblick – umfassendes, auch sinnlich erfahrenes Glück.

Im *Rider-Waite-Tarot* steht ein ebenfalls nacktes Paar einander zugewandt, jedoch voneinander entfernt, unter einer überdimensionalen Sonne, unter welcher ein offenbar segnender Engel seine Flügel und Hände über den beiden Menschen ausbreitet. Hinter der Frau schlängelt sich um einen Apfelbaum die biblische Schlange, während sich hinter dem Mann ein Baum mit Flammenblättern erhebt.

Im *Crowley-Tarot* wird ein junges Königspaar – er schwarz, sie weiß – in vollem Ornat ihrer Würde von überirdischen Händen gesegnet; der Oberkörper der segnenden Figur bleibt dabei unsichtbar. Ein Amor mit Pfeil und Bogen schwebt über der Szenerie. Drei weitere Paare vervollständigen das Bild: jeweils ein nacktes Erwachsenen- und ein Kinderpaar sowie ein Löwe und ein Adler, die einander jeweils gegenüberstehen; dazwischen eine Schlange.

Allgemeine Bedeutung:

Auf manchen Karten sind eine Frau und ein Mann zu sehen, auf anderen ein Mann zwischen zwei Frauen, oft noch über der Gruppe ein Engel als Amor oder unsichtbarer »himmlischer« Einflußfaktor. Manchmal heißt diese Karte »Die Liebenden«, ein anderes Mal »Die Entscheidung«.

Im *»Tarot der Liebe«* sind zum ersten Mal *zwei Personen* im Bild. Yin und Yang begegnen und erkennen sich und können zumindest auf der physischen Ebene vorübergehend eins werden.

Damit geht auch eine symbolische oder reale Ablösung von Mutter und Vater einher.

Die junge Frau und der junge Mann, die erwachende Anima und der erwachende Animus, treffen die Entscheidung, sich miteinander – mehr oder weniger bewußt – zu verbinden.

Dem Archetypus der »Liebenden« entsprechen ROMEO und JULIA, TRISTAN und ISOLDE, ABELARD und HELOISE, DESDEMONA und OTHELLO, KLEOPATRA und MARCUS ANTONIUS, LIZ TAYLOR und RICHARD BURTON, CLARK GABLE und VIVIAN LEIGH. Bezeichnenderweise endete ihre Liebe letztlich immer »unglücklich«. Warum? Vielleicht erkennen wir das im Verlauf unseres Umgangs mit dem *»Tarot der Liebe«*.

Liebe:

Die Karte »Die Liebenden« steht für Liebe, ein Liebesverhältnis, eine unausweichliche Anziehungskraft zwischen Partnern. Zwischen himmlischem Eros, naturhafter Sexualität und tantrischer Libido stehen der Begegnung zweier Menschen alle Dimensionen offen – nach Maßgabe der beiderseitigen Freiheit und Verantwortung.

Die Karte »Die Liebenden« kann auch für eine Entscheidung zwischen zwei Partnern oder die Sehnsucht nach einem Seelenpartner stehen.

Natürlich kann ein Liebesverhältnis auch zur Falle werden – dann nämlich, wenn man sich selbst in Projektionen einer idealen Partnerschaft verliert, weil man in der Partnerschaft mit der Wirklichkeit der wechselseitigen Blockaden, Konditionierungen und Erwartungen nicht klarkommt. Der Wunsch nach Verschmelzung – die irdische Erinnerung an eine frühere göttliche Einheit – kann zur Fixierung in Partnerschaftsformen führen, in denen Selbstverwirklichung, echte gleichwertige Einheit und bewußter Austausch nicht (mehr) möglich sind.

Auf jeden Fall bedeutet diese Karte, daß intime Begegnung und »nackte« Offenheit anstehen – mit der Hoffnung auf eine (Wieder-)Vereinigung.

Familie:

In diesem Kontext steht die Karte »Die Liebenden« für den Wunsch, eine Familie zu gründen; aus dem Liebesnest eine Zuflucht für die eigenen Angehörigen aufzubauen; im tobenden Meer feindselig-chaotischer Urgewalten der Gesellschaft eine Insel emotionaler Sicherheit zu schaffen.

Auch kann diese Karte die Pubertät mit allen ihren Chancen und Problemen symbolisieren.

Partner/Freunde:

Für unabhängige Menschen, die keine Angst vor dem freien, also vor dem unvorhersehbaren Leben haben, bedeutet diese Karte die Chance zu einer lebendigen, faszinierenden Beziehung, die keine Bindung ist.

Ebenso können »Die Liebenden« für Erfüllung in einer Liebesbeziehung stehen, die zu erlangen ist, indem man nur im Hier und Jetzt lebt, nicht in unerfüllbaren Versprechungen für eine ungewisse Zukunft.

Nicht bewußt:

Die Partnerschaft wird nur gesucht, weil man nicht allein sein kann, weil man den anderen braucht und gebraucht.

Der Partner (die Partnerin) soll den eigenen Vorstellungen entsprechen – man ist nicht bereit oder in der Lage, sich auf die Individualität des anderen einzulassen.

Die Partnerschaft wird gesucht, weil man Angst vor dem Leben hat, weil man Sicherheit in der Abkapselung sucht.

Schlüsselworte zu den »Liebenden«:

Erwachende oder erlebte Sexualität; erotische Anziehungskraft; neue Liebe; Entscheidung über eine Partnerschaft.

7. Das Gefährt

Kurzbeschreibung und Vergleich:

Im *»Tarot der Liebe«* bewegt sich ein Liebespaar gemeinsam in einem Gefährt besonderer Art durch das Leben: Sie sind Gefährten eines Herzens, das von den Kranichen ihrer Seele durch die Lüfte dieser Welt gezogen wird. Die Zügel überkreuzen sich: Es gilt also, die im Liebesrausch gefundene Einheit auch unter schwierigen Umständen zu bewahren. Anders als alle anderen Tarotspiele zeigt das »Tarot der Liebe« Frau und Mann – und nicht nur einen jungen Triumphator, der im Siegeswagen sitzt.

Im *Rider-Waite-Tarot* sitzt ein bekrönter junger Mann in blitzender Rüstung in einem Triumphwagen unter einem gestirnten Baldachin. Davor liegen zwei Sphinxe, eine schwarz-weiß, die andere weiß-schwarz, die als mögliche Zugtiere gelten können. Der Wagen steht derzeit still; im Hintergrund sind Burgen zu erkennen. Der junge Mann hält keine Zügel, sondern einen Stab.

Auch im *Crowley-Tarot* tritt wieder offensichtlich ein Mann auf, der in einer goldenen Rüstung steckt und in einem roten Wagen sitzt, ebenfalls unter einem blauen Baldachin. Davor liegen vier Zugtiere – zwei dunkel, zwei hell –, die Mischungen aus Menschen, Sphinxen, Raub- und Huftieren darstellen. Der Ritter hält eine blaue Scheibe mit einem roten Zentrum in den Händen, die wie ein »Chakra« (Kraftzentrum) aussieht.

Allgemeine Bedeutung:

Der Wagen heißt manchmal auch »der Siegeswagen«.

Heilige Tiere ziehen ihn. Im »*Tarot der Liebe*« sitzen nicht wie sonst ein strahlender junger König, sondern eine junge Frau und ein junger Mann wie wir alle als Weg- oder Lebensgefährten in diesem Wagen, den wir deshalb »das Gefährt« nennen.

Die beiden haben sich entschlossen, zumindest zeitweise in ein gemeinsames Gefährt einzusteigen. Jeder von ihnen hält ein Paar Zügel in der Hand. Wer bestimmt Ziel, Weg, Geschwindigkeit und Ruhepausen?

Der Wagen ist potentiell das Mittel zum Erfolg. Potentiell ist ja auch jede wirkliche Partnerschaft ein Mittel, um sich durch die Gemeinsamkeit zu entwikkeln. Dazu bedarf es: Liebe, Wille, Autorität, Selbstbewußtsein; Übereinstimmung in der geistigen Richtung; miteinander vereinbare Wellenlängen; klare, intelligente Kommunikation und Einfühlungsvermögen; Bereitschaft, mit- und aneinander zu lernen.

Das Gefährt oder der Wagen ist im Tarot ein Zeichen für eine Chance zum Erfolg, zur erfolgreichen Partnerschaft, auch auf weltlichen Ebenen.

Beispiele für offensichtlich harmonierende Paare, die im Gefährt einer festen Lebenspartnerschaft erfolgreich sind: George und Barbara Bush, Donald und Ivana Trump, Juan Carlos und Sophia von Spanien.

Liebe:

Liebe ist Trumpf. Liebe triumphiert. Liebe setzt sich durch. Hindernisse können schwungvoll überwunden werden – durch eigene Initiative, eigenen Einsatz.

In der Liebesbeziehung werden männliche und weibliche Triebkräfte gleichermaßen anerkannt, gezügelt, bezähmt, gemeinsam genossen und ausgelebt. (Im »*Tarot der Liebe*« symbolisieren Kraniche diese Triebkräfte;

in anderen Tarotspielen sind es Sphinxe, Löwen oder Pferde, die schwarz-weiß oder blau-rot sind.

Familie:

Auf familiäre Belange bezogen, besagt die Karte »Das Gefährt«: Man hat sich bereits entschlossen, der Partnerschaft eine feste Form zu geben. Nun drängen die Kräfte zur Verwirklichung dieses Entschlusses, dieser Idee.

Wünsche können verfolgt werden; die Partnerschaft vermittelt Sicherheit, Wohlstand, Prestige.

»Das Gefährt« kann ebenso für einen Aufbruch in die Ehe stehen wie für einen Ausbruch aus ihr – je nachdem, ob die Zügelpaare in die gleiche oder in verschiedene Richtungen lenken.

Partner/Freunde:

Hochfliegende Pläne und Aktionen werden begünstigt. Zwei Menschen verfolgen gemeinsame Interessen. Der Magier und die Hohepriesterin, die Urmutter und der Urvater stürzen sich mit jugendlichem Elan ins Getümmel der Schlacht um das Glück auf Erden.

Nicht bewußt:

»Das Gefährt« weist aber auch auf negative Tendenzen hin: Kompromißlos setzt man sich durch – ohne Rücksicht auf eigene, auch seelische Verluste und ohne Mitgefühl für emotionale und körperliche Bedürfnisse des Partners und anderer Mitmenschen. Das Erfolgsstreben wird so übermächtig, daß man »über Leichen« zu gehen bereit ist.

Jede irdische Form einer Idee ist begrenzt. Wer sich dessen nicht bewußt ist, der wird überrascht und hilflos sein, wenn das Gefährt im Morast der verwirrenden

Einflüsse in einer Beziehung steckenbleibt, oder wenn ein Zugtier – eine bestimmte Energie – ohne Vorwarnung ausbricht. (Siehe zum Vergleich die Karte 16, »Der Blitz«.)

Schlüsselworte zum »Gefährt«:

Fest in eine Gemeinschaft eingebunden zu sein und dennoch seinen eigenen, klaren Lebensweg zu gehen erfordert, die jeweiligen Interessen und Bedürfnisse der Lebens- und Weggefährten auseinanderzuhalten und sich darüber auszutauschen. Nur so wird man gemeinsam Erfolg haben.

8. Der Ausgleich

Kurzbeschreibung und Vergleich:

Das Liebespaar von Karte 6 ist im *»Tarot der Liebe«* klein inmitten des roten Herzens auf einem violetten Blütenkelch zu sehen; an diesem hängen die beiden Yin- und Yangsymbole wie Waagschalen an Regenbogenfarben, die scharf voneinander getrennt sind.

Im Vordergrund balanciert ein Seelenvogel im Kegel göttlichen Lichts – wenn die uns oft nicht bewußte Seele im Gleichgewicht ist, befindet sich die Partnerschaft auch in harmonischer Balance.

Im *Rider-Waite-Tarot* heißt der Ausgleich »Gerechtigkeit«. Eine Art Königin hält, wie die Göttin Justitia, Schwert und Waagschalen. Blick und Haltung drücken Klarheit und Sachlichkeit aus. Das rote Gewand der sitzenden Hüterin von Recht und Gesetz deutet allerdings auch auf Unerbittlichkeit hin.

Ganz in Blau, Grün und Grau, also eher in beruhigenden Farben gehalten, stützt sich im *Crowley-Tarot* eine weibliche Gestalt auf ein langes Schwert. Oberhalb ihres Kopfes ist die Mitte und Halterung zweier Waagschalen, in welchen die Buchstaben Alpha und Omega auf Anfang und Ende eines Zyklus hinweisen.

Allgemeine Bedeutung:

Die Karte »Ausgleich« wird oft »Gerechtigkeit« genannt. Das »Crowley-Tarot« bezeichnet sie auch als »Ausgleichung«; im »Rider-Waite-Tarot« wird ihr eigentümlicherweise die Position 11 der Trümpfe zugeordnet. In jedem Fall bedeutet »Gerechtigkeit« immer einen »Ausgleich«, indem man versucht, Menschen, Situationen und Interessen »gerecht zu werden«. (Der dafür erforderlichen Abwägung entspricht die 8 als Zeichen der Unendlichkeit unserer Ansicht nach übrigens sehr viel besser als die 11.)

Die Karte 8 versinnbildlicht eine neue Stufe im Leben. Man ist reifer, erwachsener geworden – und in der Lage, auf ursprüngliche Ideale und ihre Verwirklichung im bisherigen Leben zurückzublicken. Manche Träume sind in Erfüllung gegangen, andere (noch) nicht; wieder andere sind bereits zerstoben.

Man zieht Bilanz – von der höheren Warte des Geistes aus. Nur jemand, der über den Dingen steht, kann sich ein klares Urteil bilden. Nur von der Seele her lassen sich die Verdienste und Eskapaden des Egos in ihrem Wert beurteilen, nicht vom Ego aus! Die Karte »Ausgleich« ruft zu einer Besinnung auf – und zum Mut, sich möglicherweise mit einer inneren Leere auseinanderzusetzen und mit dem Gefühl, daß einem noch irgend etwas »fehlt«.

Konfuzius und Platon können sicherlich als Vertreter des philosophischen Ausgleichs dienen. Heisenberg hat als Vorreiter einer neuen Physik deutlich gemacht, daß *nicht* alles immer geklärt werden kann.* Schließlich wäre Mahatma Gandhi zu nennen, der sanfte *und* unnachgiebige Kämpfer für gesellschaftlichen Ausgleich.

Die Fähigkeit, auch unklare, unentschiedene Situationen zu ertragen, »auszuhalten«, bis sich eine Entscheidung ganz natürlich, wie von selbst ergibt, kennzeichnet diese Karte.

Ist es nicht bemerkenswert, daß der gerechte Ausgleich oft als die Dame Justitia mit verbundenen Augen, einer Waagschale und einem Schwert in der Hand dargestellt wird – während in der Wirklichkeit von Rechtsstaaten weltweit kaum Frauen in dieser Funktion zu finden sind? An den Frauen selbst liegt dies sicherlich zuallerletzt.

Liebe:

Das Für und Wider einer Beziehung steht zur Debatte und wird erwogen. Die Liebe braucht Raum – Bedürfnisse, Interessen und Wünsche müssen ausgeglichen werden.

Die seelischen Grundlagen müssen geprüft werden:

- Mit welchen Energien (Karten 1-4) sind wir in Begegnungen hineingegangen?
- Welche Ideale (Karte 5 und 6) waren/sind für die Liebe ausschlaggebend?

* Heisenbergs »Unschärferelation« zufolge kann sich ein Vorgang bereits dadurch verändern, daß er beobachtet wird. Auch kann man nur über den Ort *oder* die Kraft bestimmter subatomarer Teilchen eine physikalische Aussage treffen, nicht über beides.

– Auf welche Weise haben wir versucht, unsere Lebensgefährten (Karte 7) zu steuern?

Kleine Urlaubsreisen der Partner – ohne Kinder, Schwiegereltern oder Haustiere – können zur Besinnung und Klärung beitragen!

Familie:

Verantwortung muß erkannt und übernommen werden. Vielleicht steht ein Berufswechsel an; oder die Partnerin will eine Arbeit (wieder)aufnehmen.

Kinder können und sollen ebenfalls ihren Teil Verantwortung tragen; sie brauchen aber auch einen angemessenen Freiraum.

Die Karte 8, »Ausgleich«, erinnert die Familie daran, einmal innezuhalten; Werte und Verhaltensmuster zu überdenken; und die gemeinsame *oder* getrennte Orientierung auf einen Lebenssinn anzuerkennen. Dazu bedarf es des Durchgangs durch eine »Leere« (Karte 9).

Partner/Freunde:

In diesem Zusammenhang steht die Karte für einen natürlichen Interessenausgleich. Energien können frei fließen. Man findet zusammen, weil man auf der gleichen Wellenlänge kommuniziert. Das erfordert die Kraft, abzuwarten, sich zu sammeln, Situationen nicht vorschnell zu bewerten, ohne Vorurteile zu leben. Fast alle von uns befinden sich auf der Stufe des Egos. (Wer dies nicht glaubt, prüfe den Zustand der Partnerschaften und der Welt.) Auf dieser Stufe wissen wir *nichts.* Aus dieser Einsicht heraus können wir lernen, dem Leben nicht ständig in die Zügel zu fallen. Der beste Ausgleich, die besten Entscheidungen, empfangen wir aus dem Inneren, der Intuition, der Seele, vom Selbst.

Nicht bewußt:

Auch die Karte »Der Ausgleich« macht auf bestimmte negative, unbewußte Tendenzen aufmerksam: auf herzloses Abrechnen unter Partnern oder kaltes Beharren auf dem eigenen (selbst-)»gerechten« Standpunkt; auf Angst vor eigenen Entscheidungen; auf Entscheidungsunfähigkeit.

Schlüsselworte zum »Ausgleich«:

Bilanz ziehen in der Partnerschaft; dem anderen und sich selbst gerecht werden; möglicherweise be- oder gar verurteilen.

9. Die Suchenden

Kurzbeschreibung und Vergleich:

Das *»Tarot der Liebe«* zeigt beispielsweise zwei Wege der Suche, Verinnerlichung und Meditation: den »männlichen« Weg des zurückgezogenen Einsiedlers in der Abgeschiedenheit einer Höhle; und den »weiblichen« Weg, auf dem man sich für die Welt bewußt öffnet. *Beide* Wege haben ihre Berechtigung; denn auch das Einswerden mit der Schöpfung – und damit mit sich selbst – ist eine Form der Meditation. Anders als in allen anderen Tarotspielen sind hier im übrigen zwei Menschen zu sehen, nicht nur ein alter, bärtiger Eremit.

Im *Rider-Waite-Tarot* hält ein würdiger Eremit in langem grauen Umhang mit Kapuze einen langen gelben Stab in der linken und eine gelbleuchtende Laterne in der rechten Hand. Sein Haupt mit wallendem weißen Bart ist geneigt; er geht nicht, sondern steht still.

Auch im *Crowley-Tarot* tritt ein offensichtlich alter, gebeugter Mann mit grauem Haar auf, der eine sonnenhell und kristallklar leuchtende Laterne in der linken Hand trägt. Ähren der Fruchtbarkeit neigen sich ihm zu, ein dreiköpfiger Hund folgt ihm. Er steht nicht still, sondern scheint sich auf ein Schlangenei, das Symbol der Ureinheit, zuzubewegen.

Allgemeine Bedeutung:

Das *»Tarot der Liebe«* zeigt also nicht, wie sonst üblich, einen Einsiedler als älteren Mann mit Laterne und Stab, sondern zwei Personen, die sich der Innenschau und Selbstverwirklichung jeweils auf ihre Weise widmen.

Der traditionelle »männliche« Weg ist der Rückzug in eine dunkle Einsamkeit, um dort das Licht der eigenen Seele zu finden. Dies entspricht beispielsweise dem Gottesdienst in fest ummauerten Tempeln und Kirchen, aber auch in Bergklöstern und Dschungel-Ashrams.

Der oft weniger anerkannte »weibliche« Weg führt zur Öffnung für die in der Schöpfung wirkenden Kräfte und damit genauso zur Offenbarung des inneren Wesens. Ihr »Gottesdienst« findet unter freiem Himmel, in der Natur statt – wie bei den Kelten.

Die Phase der Suche ist für die menschliche Entwicklung notwendig. Nur wer sich zeitweise aus dem Alltag zurückzieht, kann sich von verwirrenden Kräften und verworrenen Situationen zumindest vorübergehend lösen.

Diese zeitweilige Lösung bildet die Voraussetzung dafür, in Ruhe in sich hineinzuhorchen und nach oben zu schauen, um Inspirationen und Wegweisungen für eine neue Lebensweise zu finden.

Mit Karte 8 wurde Bilanz gezogen und Rechenschaft abgelegt, um einen fälligen Ausgleich von Energien zu verwirklichen, die mit Karte 6, den Liebenden, und Karte 7, dem Gefährt, in Gang gesetzt wurden. Demgegenüber wird nun mit Karte 9 ein alter Zyklus beendet und nach dem richtigen Anfang eines neuen Wegs gesucht.

Meditation, Kontemplation, Verbindung mit schöpferischen Naturkräften sind die Mittel der Suchenden, um ihre eigene Mitte wiederzuentdecken. Aus dieser überpersönlichen Mitte strahlt das Licht des Lebens hervor und ergießt sich durch den Menschen, der dafür offen ist, in die Umwelt. Die Suche ist auch die Auseinandersetzung mit dem Nichts.

Liebevolles Verständnis und universelle Vergebung kennzeichnen die Haltung eines wahren Einsiedlers.

Der bedürfnislose DIOGENES in der Tonne, die Mystikerin und naturheilkundige Forscherin HILDEGARD VON BINGEN, der jeder Missionierung abholde indische Weise RAMANA MAHARISHI mit seiner Frage »Wer bin ich?« gehören zum Typus »Die Suchenden«. Als moderne Vertreterin eines »weiblichen« Wegs der spirituellen Suche kann sicher CHRIS GRISCOM gelten. Suchende *Paare* von einiger Berühmtheit sind anscheinend selten.

Liebe:

Jetzt ist eine Pause in der Beziehung fällig. Ohne Schuldgefühle und Schuldprojektionen sollte man sich und dem Partner gestatten, Zeit für sich allein zu haben, Abstand zu halten, sich zurückzuziehen, keine Rechenschaft mehr ablegen zu müssen, seine Mitte (wieder)zufinden.

Es muß in einer richtigen Partnerschaft möglich sein,

auch ein Stück Weg allein (all-eins) zu gehen. Wer oder was einem zugehört, wird bleiben. Wer oder was nicht bleibt, hat einem offensichtlich nicht mehr zugehört.

Für eine Liebesbeziehung, die sehr eng und tief ist und in der die Entwicklung harmonisch-parallel läuft, kann diese Karte auch bedeuten, daß sich beide *gemeinsam* zurückziehen, sich aus dem Alltagsleben einige Zeit »ausklinken«, um ihre Seelen noch inniger miteinander zu verbinden.

Abschied vom alten Ich, Suche nach dem wahren Selbst, nach Selbstverwirklichung, sind weitere Schlüsselworte zur Karte 9.

Familie:

Für die Familie schwingt in dieser Karte etwas von der stillen Zeit des Novembers und der Vorweihnachtszeit mit – ein Advent, ein individuelles Sichbereitmachen für eine vertiefte Sinnsuche und inneren Frieden.

Ein Familienmitglied, das eigene Gedanken entwickelt, sollte nicht behindert werden. Vielleicht zieht es einen Angehörigen zu einem anderen Glaubensleben, zur Meditation, in die Fremde, in die Einsamkeit. Geben wir diesem Menschen dafür den notwendigen Raum.

Partner/Freunde:

In diesem Kontext stehen »Die Suchenden« für eine fruchtbare Ergänzung unterschiedlicher Lebenseinstellungen; für gegenseitige freundschaftliche Zustimmung und Unterstützung im jeweiligen Entwicklungsstadium.

Ebenso kann diese Karte für eine Ablösung von überholten Rollenspielen und für Individuation stehen.

Nicht bewußt:

Die Karte »Die Suchenden« warnt vor aufgezwungener Isolation; vor Stillstand in der ausgleichenden, sich austauschenden Kommunikation – oder gar vor deren Abbruch; vor innerem Absterben und Teilnahmslosigkeit gegenüber der Gegenwart; vor einem Rückzug in sich selbst, aus Angst vor dem Leben.

Schlüsselworte zu den »Suchenden«:

Jeder kann und muß eine Zeitlang allein = all-eins sein und Zeit gewinnen, sich selbst wieder neu zu entdecken.

10. Das Schicksalsrad

Kurzbeschreibung und Vergleich:

Das Schicksal oder Karma, in den Augen mancher auch der »Zufall«, bringen Menschen zusammen und auch wieder auseinander: sei es durch Trennung, Scheidung oder einen Todesfall. Um die sechsblättrige Lotosblüte des geeinten Yin und Yang hat Marcia Perry im *»Tarot der Liebe«* die verschiedenen Stadien der Anziehung, Begegnung, Vereinigung, Abneigung und Trennung dargestellt. Die Kraniche über dem Schicksalsrad fliegen aufeinander zu, das Paar darunter fliegt auseinander.

Das *Rider-Waite-Tarot* zeigt entlang des »Glücksrads« drei Stationen der Entwicklung durch Tiersymbole an: die Schlange auf dem Weg nach unten, das halb menschliche, halb tierische Geschöpf nach oben, während die Sphinx bereits oben thront – aber mit der Drehung des Glücksrads durchaus auch wieder nach unten fallen kann. Um das mit lateinischen und hebräischen Buchstaben TARO-ROTA versehene Rad sind die vier Symbole der Evangelisten zu sehen: Engel, Adler, Stier und Löwe.

Auch im *Crowley-Tarot* taucht auf der entsprechenden Karte ein Rad auf, das hier aber nur »Glück« heißt. Es dreht sich im Uhrzeigersinn, anders als bei den beiden obengenannten Spielen. Ein Krokodil ist auf dem Weg nach unten, ein Pavian auf dem Weg nach oben, während die Sphinx bereits oben angekommen ist.

Allgemeine Bedeutung:

Die Zahl 10 zeigt ihn bereits an: einen Neubeginn, die 1 auf einer höheren Ebene. Während der Magier, 1, gerade anfing, mit den ihm zur Verfügung stehenden Energien zu experimentieren, weist das Schicksalsrad, 10, darauf hin, daß durch alles menschliche Tun und Sein ein besonderes göttliches Gesetz wirkt: Der Westen nennt es »Schicksal«, der Osten sagt »Karma« dazu. »Das Rad des Lebens« oder (die Göttin) »Fortuna«, das »Glück«, sind andere Namen dafür.

Wer will entscheiden, ob sich Schicksal und Glück zufällig einstellen oder ob sie von unseren früheren und jetzigen Gedanken und Gefühlen, Worten und Taten regelrecht angezogen werden?

Wir kennen Aussagen wie »Aug' um Auge, Zahn um Zahn«, »Was du säst, das wirst du ernten«, »Jede Ursache zeitigt eine Wirkung«, »Gleich und gleich gesellt sich gern«. Aber angeblich ziehen sich auch Gegensätze an.

Wir können und wollen nicht für Sie entscheiden, ob Ihr Leben nur von Ihnen selbst, vom »freien Willen«, nur von Gott oder einer höheren geistigen Instanz, von kollektiven und individuellen Einflüssen, genetischen Programmen oder in irgendeiner Mischung von allem zusammen bestimmt wird.

Auf jeden Fall heißt die Tarotkarte 10, das Schicksalsrad: Nachdem wir uns als Suchende zurückgezogen haben, greifen nun wieder die polypenartigen Saugarme der Welt nach uns. Je nachdem, ob wir uns erfolgreich in unserer Mitte verankert haben, werden wir vom Meer des ewigen Lebenskreislaufs nach oben oder unten geschwemmt. Das Lebensspiel weist uns neue Rollen zu: Opfer oder Täter, falls wir noch in den alten Konditionierungen steckengeblieben sind; sonst Zuschauer, Betrachter oder einfach lustvoll genießende Mitspieler, die wissen, daß sie auf diesem Erdball nur vorübergehend eine bestimmte Rolle spielen.

Fühlen wir uns verkettet, zwischen den Mahlsteinen des unerbittlichen Schicksals zerrieben oder von den kalten Zahnrädern der modernen Gesellschaft zermalmt?

Oder haben wir das Zentrum des Schicksalsrades erreicht? Können wir in der leeren Mitte, dem einzig ruhenden Pol in der Nabe (im Nabel der Welt), unberührt im jeweiligen Hier und Jetzt, verweilen, ohne zu wissen, warum, wieso, woher, wohin?

Kali, die indische Urschöpferin und Mutter der schaffenden, erhaltenden und zerstörenden Götter Brahma, Vishnu und Shiva, verkörpert das Schicksalsrad ebenso wie die griechische Glücksgöttin Fortuna. Die Mythologie des europäischen Nordens beschreibt die drei Nornen Urd, Werdandi und Skuld als jene Schicksalsfrauen, welche den Lebensfaden erst spinnen, dann verweben und schließlich wieder auflösen.

Liebe:

Je nach Anlage, Vergangenheit und Bewußtseinsentwicklung wird in der Liebe nun geerntet, was zuvor gesät wurde, und es ergeben sich neue Partnerschaftskonstellationen.

Vorbei sind die Zeiten, in denen man immer nur den eigenen Willen durchsetzte. Man muß sich überpersönlich wirkenden Lebensströmungen ergeben und mit Situationen klarkommen, die man selbst heraufbeschworen hat.

Das erfordert, aktiv mitzumachen – ob man will oder nicht, ob das Schicksal einem zulacht oder ob man darüber jammert. Das Schicksalsrad läßt nicht zu, daß man abseits steht; man kann sich fälligen Entwicklungen nicht entziehen.

Das »Schicksalsrad« steht auch für die Suche nach Glück. Nichts bleibt ewig, wie es ist. Aber häufig finden wir uns auch mit neuen Liebespartnern in den alten Problemkreisen wieder.

Alles kann passieren: neues Verliebtsein, Ehe, Abschied, Trennung, Wiedervereinigung, erfülltes Partnerglück. Nur wer ganz in seiner Mitte ruht, hat wirklich die freie Wahl.

Familie:

Was sich durch die Rückbesinnung (Karte 9, die Suchenden) auf der seelischen Ebene angekündigt hat, wird nun verwirklicht. Eine neue Arbeit, ein neues Hobby, ein neuer Bekanntenkreis, verändern das Leben einschneidend.

Es kann sich beispielsweise um unverhofftes Glück, auch in finanzieller Hinsicht, handeln, um unerwartete gute Nachrichten oder um Geschenke. Wer sich auf den spezifischen Rhythmus des Lebens eingestellt hat, kann daraus Nutzen ziehen.

Partner/Freunde:

Das Schicksalsrad wirkt für Freunde und Partner wie eine kosmische Drehscheibe des Glücks. Es kommt darauf an, wie wir unsere Weichen gestellt haben. Damit der niemals anhaltende Glückszug des Lebens überhaupt an uns vorbeifahren und uns mitnehmen kann, müssen wir rechtzeitig unsere Weichen gestellt haben – und wach genug sein, im richtigen Moment aufzuspringen.

Das Schicksalsrad verweist auch auf Chancen für eine fruchtbare Zusammenarbeit, auf neue Bewegung in den Bedingungen für die Partnerschaft/Freundschaft.

Nicht bewußt:

Das Schicksal wird für eigenes Ungemach verantwortlich gemacht; ungerechtfertigte Vorwürfe werden an die Umwelt gerichtet; man drückt sich vor der eigenen Verantwortung, erwachsen zu werden. Aus einer vermeintlichen Ohnmacht gegenüber übermächtigen Gewalten heraus entwickelt sich eine Märtyrer- und Opferhaltung.

Schlüsselworte für das »Schicksalsrad«:

Ein neuer Zyklus beginnt; man muß sich auf neue Strömungen im Lebensfluß einlassen können – oder vorübergehend im alten Karma untertauchen.

11. Der Höhepunkt

Kurzbeschreibung und Vergleich:

Die Kraniche tragen im »*Tarot der Liebe*« Frau und Mann, Körper, Gemüt und Verstand, also die äußere Persönlichkeit, den äußeren Menschen, empor – buchstäblich einem Höhepunkt zu. Sich intuitiv auf die Seele, auf die Anima einzustimmen, fällt Frauen oft leichter als Männern. So ermuntert die Frau auf der Darstellung den Mann, sich mit ihr auf der Seele Schwingen mit erheben zu lassen. »Das ewig Weibliche zieht uns hinan«, wie GOETHE im *Faust* sagt.

Im *Rider-Waite-Tarot* heißt diese Karte »Stärke«; ihr wird die 8 statt der 11 zugeordnet. Eine weißgekleidete, blumengeschmückte Frau beugt sich zu einem Löwen hinunter; wie selbstverständlich und voller Anmut öffnet sie ihm das Maul und streichelt ihn dabei am Kopf. Die liegende Acht über ihrem Kopf, die »Lemniskate«, Symbol der Ewigkeit, verleiht ihr dazu die *innere* Kraft.

Im *Crowley-Tarot* wird die Karte 11 »Lust« genannt. Eine nackte Frau räkelt sich wollüstig auf einem löwenähnlichen Tier, das sowohl drei Männerköpfe trägt als auch Raubtierköpfe am Haupt und am Schweif hat.

Allgemeine Bedeutung:

Diese Karte symbolisiert den Höhepunkt der Bezähmung wilder Kräfte – in uns! Ein Tier, das die Freiheit liebt, läßt sich auf eine Gemeinschaft mit den Menschen ein, weil diese die unheimlichen Kräfte ihrer eigenen Naturinstinkte nicht mehr fürchten.

Die meistverbreiteten Tarotspiele (Marseille, Rider-Waite, Crowley) stellen dieses Thema an einem wilden

Löwen dar, der von einer hübschen, jungen Frau sanft gebändigt und regelrecht »zugeritten« wird.

Sobald wir unsere eigene innere Wildheit angenommen und gelernt haben, unsere unbewußten Energien – unseren Schatten! – zu integrieren und mit ihnen sinnvoll umzugehen, erwächst uns die Kraft, auch mit entsprechenden äußeren Energien richtig umzugehen, und die Freude daran.

Es spielt keine Rolle, ob es sich dabei um den Löwen als potenten Herrscher der Wildnis handelt oder um einen König der Lüfte und der Freiheit wie den Kranich. Ein dem Kranich ähnlicher Vogel, der Schwan, diente bekanntlich ZEUS als irdische Gestalt, um sich der schönen LEDA lustvoll zu nähern. Auch symbolisieren Schwäne, die »Hansas« genannt werden, in der indischen Religionsphilosophie die ewige Seele. Deshalb heißt diese Karte im »Tarot der Liebe« weder »Lust« noch »Stärke«, sondern der »Höhepunkt«. Ein Höhepunkt kann sowohl etwas Körperlich-Erotisches wie etwas Inspiriert-Geistiges sein. Hier hat sich Marcia Perry bewußt dafür entschieden, einem sanfteren Aspekt der Karte 11 den Vorzug zu geben.

Auf jeden Fall hat die Karte 11, der Höhepunkt, etwas damit zu tun, inwieweit wir transzendente und stoffliche Energien vereinen können; ob wir uns mit unserer animalischen = Anima-Seite befreunden können oder nicht. Dabei geht es durchaus auch um sinnlich erfahrbare Gelüste.

Die Göttinnen APHRODITE (Venus) und DIANA versinnbildlichen diese Gabe des Becircens, Bezähmens, Genießens und der damit verbundenen geistigen Erhebung. SAPPHO auf Lesbos, eine antike Meisterin und Lehrerin der Liebeskunst, kann für den hier gemeinten

Höhepunkt bzw. die Stärke stehen, ebenso wie die »männermordende« amerikanische Schauspielerin MAE WEST, die noch im hohen Alter von über achtzig Jahren männliche Begehrlichkeiten in allen Altersgruppen auf einen Höhepunkt zu führen wußte.

Die Seele des Kranichs läßt sich nicht in einem Käfig zusammenhalten. Seinen Naturinstinkt, der nach Freiheit drängt, können wir aber mit Liebe bändigen. Daran wird auch unsere Partnerschaft reifen. Umgekehrt können wir den Schatten, den die uns zumeist unbekannte Seele auch für uns bedeuten kann, am ehesten bezwingen, wenn unsere Partnerschaft gefestigt ist.

In der Reihenfolge der Tarotkarten kommt der Höhepunkt nach dem Schicksalsrad. Es stellt also ein Stadium dar, in dem uns unser Schicksal nach oben getragen hat und das wir nun genießen können. Die nächste Karte, Kopfüber, verlangt wieder eine symbolisch umgekehrte Haltung.

Liebe:

»Der Höhepunkt« steht für eine stürmische Liebeskraft, ähnlich wie die Karten 6 und 7, »die Liebenden« und »das Gefährt« – jedoch sensibler, intuitiver, gereifter, »weiblicher«!

Für den erotisch-anregenden, erhebenden, ekstatischen Aspekt einer Beziehung bedeutet diese Karte eine lebendige, gute, saftig-pralle Energie. Auch zielt sie auf Erfahrungen mit Partnern/innen verschiedener Altersgruppen ab. »Der Höhepunkt« kann ebenso für eine lebensfrohe und zugleich tiefe, innige Verbindung stehen.

Familie:

In diesem Zusammenhang verweist »Der Höhepunkt« auf Reifungsprozesse als bewußte Herausforderung: Wie gehen wir mit »wilden«, nach Freiheit drängenden Kräften in der Familie um? Werden wir mit ihnen nach unseren Maßstäben »fertig«, oder können wir uns auf ihre Eigengesetzlichkeit einlassen? Inwiefern spiegeln sich in ihnen unsere eigenen Innenwelten? Müssen wir zunächst mit uns »fertig« werden, bevor wir den unbändigen Drang von Familienmitgliedern nach »oben« auch nur verstehen können?

Partner/Freunde:

Das Leben ist einfach: Wir können immense Lebenskräfte nutzen, wenn wir allen Energien den ihnen gebührenden Raum zugestehen und uns auf *ihren* Rhythmus einlassen.

Yin- und Yang-Schwingungen, Weibliches und Männliches gehören zusammen. Arbeit an sich selbst und mit anderen führt dazu, weltlichen Erfolg zu erlangen und gleichzeitig die eigene Integrität zu bewahren. Auch Problemlösungen sind jetzt möglich!

Nicht bewußt:

Zu den Schattenseiten, auf welche diese Karte hinweist, gehören das Verschleudern von (Trieb-)Kräften und die Gier nach immer neuen Höhepunkten, ohne sie wirklich zu verarbeiten. Daß im Menschen verschiedene Energien ganzheitlich ineinandergreifen, wird nicht erkannt – man fühlt sich an Körper, Geist und Seele wie zerrissen.

Lernaufgabe ist, sich über Rhythmen des Lebens bewußt zu werden und mitzufließen, mitzutanzen.

Schlüsselworte zum »Höhepunkt«:

Sanfte Beherrschung bewußt erlebter Erotik, »Tantra«; die Anima in Liebe und Partnerschaft aktiv und kreativ ausleben, sich von ihr erheben lassen.

12. Kopfüber

Kurzbeschreibung und Vergleich:

Im *»Tarot der Liebe«* hängt ein Mensch (freiwillig) mit einem Knie an einer Regenbogenschaukel mit hochstämmigen Blütenkelchen über tiefblauem Wasser; er ist bereit, einzutauchen. Während diese Person, die ebenso Frau wie Mann sein könnte, nach unten schaut, blickt ihr Seelenvogel nach oben. Ein Spiegel, der die Partner noch als die Liebenden zeigt, hängt ebenfalls kopfüber. Der Mensch blickt in die Tiefe – der Welt und seiner selbst.

Im *Rider-Waite-Tarot* hängt ein junger Mann mit seinem Fuß an einem Strick von einem Querbalken – offenbar nicht ganz freiwillig. »Der Gehängte« wird er hier genannt. Allerdings läßt seine eindeutige Tanzhaltung (die man gut sieht, wenn man die Karte herumdreht) und vor allem der leuchtendgelbe »Heiligenschein« um seinen Kopf sowie sein Gesichtsausdruck ihn recht positiv erscheinen.

Im *Crowley-Tarot* ist der Gehängte an einem Fuß mit einem Strick an ein »Ankh«, das ägyptische Henkelkreuz, gefesselt, während der andere Fuß und beide Hände mit Nägeln an jeweils eine Kugel gehämmert sind. Auch sein verzerrter Gesichtsausdruck läßt diesen Mann eher als einen Gekreuzigten aussehen, der leidet, denn als einen Menschen, der sich freiwillig einer Prüfung unterzieht.

Allgemeine Bedeutung:

Kopfüber wird der Mensch erleuchtet. Sanft taucht er im »*Tarot der Liebe*« in das rätselhafte Blau seines Unbewußten ein. Das Ego wird aufgegeben – unfreiwillig, wie manche Tarotexperten meinen. Nach unserer Auffassung hingegen sieht der kopfüber Hängende so aus, als betrachte er sich freiwillig die Welt einmal andersherum.

Diese Karte zeigt die Notwendigkeit an, auch in wechselhaften Umständen die Ruhe zu bewahren, nicht ständig ins Schicksal eingreifen und agieren zu wollen, sondern sich zumindest zeitweise mit voller Absicht der inneren Führung anzuvertrauen.

Dieses Einlassen verlangt zunächst *loszulassen*. Auch Loslassen kann man üben! Dazu muß man einen neuen Standpunkt einnehmen, neue Blickwinkel erproben, Vor-Urteile und das Streben nach Kontrolle überwinden.

Sich kopfüber fallen zu lassen – mit Sicherheitsnetz sozusagen, weil man ja noch von oben gehalten wird –, ist die »Generalprobe« für die Karte 13, die Wandlung (»Tod«). Man nimmt also wachen Kontakt zu tieferen Bewußtseinsebenen auf; wie in einem umgekehrten Spiegel sieht man auch die eigene Partnerschaft.

Zur Karte 12, »Kopfüber«, passen solche Bewußtseinspioniere wie John C. Lilly (Delphinkommunikation, Samadhi-Tanks, *Im Zentrum des Zyklonen*), Timothy Leary (Erforscher bewußtseinserweiternder Drogen) und Chris Griscom (*Zeit ist eine Illusion*, *Die Heilung der Gefühle*).

Liebe:

Ähnlich wie Karte 9, »Die Suchenden«, weist uns »Kopfüber« auf uns selbst zurück. Probleme in der Liebesbeziehung lassen sich häufig erst lösen, wenn wir eine völlig neue Sichtweise einnehmen. Die neue Sicht bringt natürlich auch oft unerwartete Veränderungen mit sich.

Wenn die Partnerschaft nicht auf innerer Freiheit gegründet ist, hält man diesen neuen Zustand der Ehrlichkeit »kopfüber« nicht aus und wird den Wert der Verbindung in Frage stellen.

Es können sich durch diese neue Haltung aber auch Blockaden und seelische Knoten lösen – »Kopfüber« wirkt dann als Eigentherapie oder Yogaübung, um die Liebesbeziehung neu zu beleben. Probieren Sie bewußt einen Rollentausch von Anima und Animus aus!

Familie:

Auf die Familie bezogen, steht »kopfüber« für Eigenwillen, Eigensinn oder einen inneren Antrieb, alles einmal anders zu betrachten, anders zu machen. Man kleidet sich anders, färbt die Haare, streicht das Zimmer neu – einfach um einmal auszuprobieren, wie es ist, anders zu fühlen, zu denken, aufzutreten. Man überlegt sich, was man eigentlich mit der Familie zu tun hat, wohin man gehört, was man in diesem Leben will.

Partner/Freunde:

Dringender als neue gemeinsame Pläne und Projekte braucht die Beziehung jetzt Raum für ein Innehalten, für Ruhe und neue eigene Lebensperspektiven. Durch völlig andere Einstellungen und Verhaltensweisen sieht man die Freundschaft neu und versteht sie besser, kann sie vielleicht sogar mehr schätzen. »Kopfüber« bedeutet möglicherweise auch einen vorübergehend bewußt eingehaltenen Abstand zum Partner.

Nicht bewußt:
Zu den Schattenseiten, auf welche diese Karte hinweist, gehören Masochismus und eine aufgesetzte Märtyrerhaltung. Um jeden Preis will man anders sein und auffallen. Von unerwarteten Veränderungen oder Herausforderungen des eigenen Weltbilds wird man überwältigt. Resignation stellt sich ein.

Schlüsselworte zu »Kopfüber«:
Gewohnte Standpunkte werden aufgegeben; (unfreiwillige?) Auseinandersetzung mit der Partnerschaft, ohne festen Boden unter den Füßen zu spüren.

13. Die Verwandlung

Kurzbeschreibung und Vergleich:

Marcia Perry ist es im »*Tarot der Liebe*« gelungen, den Tod als das darzustellen, was er wirklich ist: eine Verwandlung. Sowohl die Bezeichnung als auch die Darstellungsweise der Karte 13 machen deutlich, worum es im »*Tarot der Liebe*« geht: um eine konstruktive, positive und dennoch realistische Auseinandersetzung mit Lebenstatsachen, nicht um Angstmache oder düstere Vorstellungen über das Menschsein.

Auf dem Herzen der *Liebe zu sich selbst* läßt sich der Mensch auf die große Verwandlung vom körperlichen ins unkörperliche Leben ein. Während die schwarze

Hülle zurückbleibt, hebt sich die Seele empor in ihr eigenes, unstoffliches Reich.

Im *Rider-Waite-Tarot* reitet ein Totenskelett in schwarzer Ritterrüstung auf einem Schimmel über ein Feld, auf dem ein hingestreckter König liegt, dessen Krone ihm im Tod vom Haupte gefallen ist. In der Hand hält das Skelett eine schwarze Standarte mit der weißen Todeslilie. Angesichts des Todesritters hat der Bischof seinen Krummstab verloren, Frau und Kind knien furchterfüllt vor dem Tod. Eine Sonne geht in der Ferne unter – oder auf?

Im *Crowley-Tarot* geht ein pechschwarzes Skelett mit schwarzer Sichel und einem eigenartigen Helmgebilde als Kopf mähend übers Land und durch eine von Getier erfüllte Unterwelt.

Allgemeine Bedeutung:

Der Tod ist zuallererst eine Transformation im weitesten Sinne: eine Wandlung, ein Durchgang, eine Veränderung, ein »Kostümwechsel«. Der Tod wird zwar oft als erbarmungsloser Schnitter oder grausamer Sensenmann dargestellt, der Angst und Schrecken verbreitet. Er ist aber in Wirklichkeit ein Geburtshelfer für die Befreiung der Seele vom irdischen Leib und oft genug von irdischer Mühsal, in ein neues, geistiges Leben.

Das *»Tarot der Liebe«* versinnbildlicht den Vorgang, in dem sich das Bewußtsein vom Körper löst. Einem Vogel gleich schwingt sich die Seele in den Äther. Damit ist unsere Karte 13 die konsequente Fortführung und zugleich Umkehrung der Karte 12, »Kopfüber«. Dort schaut der Mensch die Welt, in die er buchstäblich eintaucht, von unten an – hier blickt der Mensch nach innen, seine Seele verläßt diese Welt und steigt auf.

Wir werden gezwungen, Vor-stellungen und Projektionen abzulegen und uns der Realität ohne rosa Brille zuzuwenden. Im Tod, als einer Verwandlung, liegt eine großartige Chance zum Neubeginn.

Symbolisch für den Tod sind nicht Menschen zu nennen – diese sind ja alle sterblich –, sondern der mythische PHÖNIX. Dieser Feuervogel erhebt sich auf wunderbare Weise aus der Asche, die sein endgültiges Sterben zu bedeuten schien.

Auf uns übertragen bedeutet das: Das Ego stirbt, die Seele nie!

Liebe:

In bezug auf Liebe steht »Die Verwandlung« für einen Abschied von Altem, durchaus auch für eine unfreiwillige Loslösung von der Vergangenheit, die wir gern für die Gegenwart halten. Diese Karte heißt *nicht* etwa, daß ein Partner stirbt, sondern daß sich die Art der Partnerschaft drastisch verwandelt; zum Beispiel kann eine erotische Beziehung zu einer platonischen Freundschaft werden.

Man kann nicht mehr an alten Egostrukturen festhalten, sondern muß sich in den lebendigen Fluß des Lebens begeben – manchmal ohne zu wissen, wohin man getragen wird.

Wenn sich nur ein Partner weiterentwickelt (häufig genug die Frau) und sich der andere dagegen sträubt, *dann* kann diese Karte natürlich auch Trennung bedeuten.

Die positive Botschaft dieser Karte lautet: Wir erlangen eine neue Freiheit, wir können uns auf neue Weise entfalten – vielleicht auch einmal eine Zeitlang allein.

Familie:

Eine innere oder äußere Trennung wird bereits seit längerer Zeit vorbereitet – möglicherweise ohne daß es den Beteiligten bewußt ist. Widerstände gegen solche natürlichen Veränderungen verursachen bekanntlich unnötiges Leid.

Es ist vernünftiger, sich den Sinn der Veränderung klarzumachen und zu erkennen, daß jeder noch so dramatische Umbruch letztlich nur Vorteile für alle bringt – *wenn* wir zum Bewußtseinswandel bereit sind.

Partner/Freunde:

Neue Freundschaften können erst geschlossen werden, wenn die bisherigen geklärt worden sind. Dazu muß man sich selbst prüfen: Wer ist man wirklich? Wer will man sein? Wo steht man?

Diese Karte wird oft auch gezogen, wenn sich die organische Zeitspanne einer Partnerschaft ihrem Ende zuneigt. Wenn keine neue Form für die Beziehung wächst, kommt es zu Stillstand oder Auflösung.

Nicht bewußt:

Ein Sprichwort sagt: »Das letzte Hemd hat keine Taschen« – wir können von dieser Erde nichts Materielles mit uns nehmen. Trotzdem versuchen wir, an unserem Besitz festzuhalten – natürlich erfolglos; wir vergeuden unser Leben mit Habgier oder Geiz.

Auf die Partnerschaft übertragen, spiegelt sich eine derartige unbewußte Lebenshaltung in einer unreifen Einstellung und einem angstvoll-verkrampften Umgang mit zwischenmenschlichen Beziehungen sowie mit sich selbst. Wir sind dann von Angst erfüllt, etwas zu verlieren, was wir eigentlich sowieso nie »besitzen« oder

1
Der Magier

2
Die Hohepriesterin

3
Die Urmutter

4
Der Urvater

5
Der Meister

6
Die Liebenden

7
Das Gefährt

8
Der Ausgleich

9
Die Suchenden

10
Das Schicksalsrad

11
Der Höhepunkt

12
Kopfüber

13
Die Verwandlung

14
Das Maß

15
Die Verstrickung

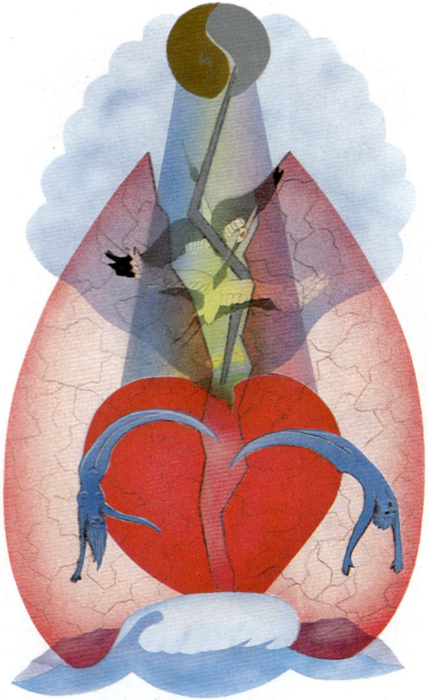

16
Der Blitz

17
Der Stern

18
Der Mond

19
Die Sonne

20
Der Ruf

21
Die Schöpfung

0
Die Narren

22
Seelenpartnerschaft

Kartenrückseiten

besessen haben, und versäumen darüber individuelle Entwicklungschancen.

Schlüsselworte zur »Verwandlung«:
Auflösung alter, nicht mehr lebensfähiger Beziehungsmuster; Chance zum Neubeginn; Abschied und stille Vorbereitung für neue Begegnungen.

14. Das Maß

Kurzbeschreibung und Vergleich:

Körper und Seele, die menschliche Gestalt und der Kranich, gehen im *»Tarot der Liebe«* Arm in Arm durch die Welt – einander bewußt zugewandt. Der Mensch ist eins mit sich und der Schöpfung – seelische Kräfte, transzendente und irdische Energien sind in natürlicher Harmonie. Blüte, Blitz, Stab und Scheibe als Symbole der vier Elemente sind ebenso gegenwärtig wie das *Tao*, die gegenseitige Ergänzung von Yin und Yang.

Im *Rider-Waite-Tarot* gießt ein geflügeltes Engelswesen mit einem Strahlenkranz ums Haupt das Wasser des Lebens von einem Kelch in einen anderen. Die Naturelemente Wasser, Erde, Feuer (hier die Sonne) und Luft bilden die Umgebung – der Engel ist also gleichsam nach dem »Tod« auf die Erde zurückgekehrt. Auf seinem Herzzentrum deutet ein Pyramidendreieck eine erfolgte Einweihung an.

Im *Crowley-Tarot* steht eine doppelgesichtige Frau vor einem Sonnenlichtkranz und unter zwei dünnen Mondsicheln. Sie gießt Wasser *und* Feuer in einen Alchimistenkessel, der über einem Feuer ruht. Ein weißer Löwe und ein roter Adler scheinen sich am brodelnden Inhalt dieses Gefäßes zu laben.

Wir nennen diese Karte »Das Maß«; bei Waite heißt sie »Mäßigkeit« oder »Mäßigung«, bei Crowley »Kunst«.

Allgemeine Bedeutung:

Indem das Ego stirbt und die Seele aufersteht, gewinnen wir ein neues Lebensmaß. Scheinbar unvereinbare Gegensätze verschmelzen miteinander in einem gleichsam alchimischen Prozeß – ein neues Gleichgewicht kann nicht nur in uns, sondern durch uns auch in unserer Umwelt verwirklicht werden!

Die engelhafte Gestalt verbindet himmlische und irdische Elemente und vermittelt der Erde belebende überirdische Kräfte: das Wasser des Lebens im Marseille- und Rider-Waite-Tarot, Wasser und Feuer im Crowley-Tarot, das Regenbogenlicht aller Farben des Lebens im *»Tarot der Liebe«*.

Yin und Yang, weibliche und männliche Kräfte, geistige und körperliche Werte und Erfahrungen stehen im Einklang miteinander. Man kann Partnerschaft auf einer neuen, höheren Ebene erleben.

Für das Maß in der Partnerschaft lassen sich weithin bekannte Beispiele nicht finden – vielleicht deshalb, weil die Beziehungen, vor allem die der Prominenz, maß-los sind. Maß in der Beziehung wird oft als langweilig abqualifiziert.

Wir finden jedoch Vorbilder, die in anderen Lebensbereichen das Maß verwirklicht haben: in der Musik zum Beispiel BACH, der mit erhabener Klarheit von der himmlischen Ordnung kündet, die es auch hier auf Erden anzustreben gilt; oder MOZART, der sensible

Menschen inspiriert, den Himmel schon hier auf Erden zu erleben; LEONARDO DA VINCI, der die innere Harmonie im menschlichen Maß darstellte – die (androgyne?) Mona Lisa zeugt davon; und Prinz GAUTAMA, der zum Buddha wurde und damit das Maß der Mitte, das Maß eines vollkommenen Lebens setzte.

Liebe:

In Fragen der Liebe weist »Das Maß« darauf hin, daß man mit männlichen und weiblichen Kräften in der Liebesbeziehung ausgewogen umgehen kann – oder dies jetzt lernen sollte. Tantra, die östliche Liebeskunst der gegenseitigen Erfüllung auf *allen* Ebenen – körperlich-sinnlich, gefühlsbetont-zärtlich und geistig-seelisch – kann eine gute Hilfe und ein reizvoller Zugang dazu sein.

Wer zur Zeit ohne Partner/in ist, erhält durch diese Karte den Fingerzeig, sich jetzt bewußt darauf einzustellen, welche Art von Partner/in sie/er anziehen möchte. Unsere eigene Lebenseinstellung und Ausstrahlung bestimmt nämlich, wer in unser Leben tritt.

Familie:

Auf die Familie bezogen, symbolisiert »Das Maß« wachsendes gegenseitiges Verständnis und Toleranz für Eigenheiten der verschiedenen Familienmitglieder.

Wachstumsprozesse können ohne allzu große psychologische Belastungen vollzogen oder abgeschlossen werden.

Partner/Freunde:

Man versteht und ergänzt sich auf kreative Weise. Daraus entsteht eine schöpferische neue und zugleich »sanfte« Energie.

Man hat, möglicherweise zum ersten Mal im Leben, die konkrete Aussicht, einem Seelenpartner zu begegnen – oder einen Menschen aus dem Freundeskreis als solchen zu erkennen.

Nicht bewußt:

»Das Maß« warnt davor, Kräfte oberflächlich zu vergeuden und zu zersplittern. Möglichkeiten, feine subtile Energien anzuwenden, werden nicht genutzt – statt dessen blockiert man sich mit alten »groben« Verhaltensmustern. (Ein typisches Beispiel aus Liebesbeziehungen: Ein Partner, meist der Mann, achtet nicht die Bedürfnisse des anderen und die Chancen eines zärtlichen Spiels auf vielen Ebenen, sondern will gleich nur »das Eine«.)

Eine großartige Gelegenheit, harmonisch schöpferisch zu wirken, wird vertan – die »Verstrickung«, 15, wartet bereits auf uns.

Schlüsselworte zum »Maß«:

Ausgleich geistiger und körperlicher Energien; Yin-Yang-Harmonie in der Partnerschaft; Grundlage für eine Seelenpartnerschaft durch ganzheitliche Selbsterfahrung.

15. Die Verstrickung

Kurzbeschreibung und Vergleich:

Im »*Tarot der Liebe*« sehen wir nur zwei Beine und zwei Arme von Menschen, die sich einerseits oben festhalten, andererseits unten auseinanderstreben. Ihre Unentschlossenheit und »Verstrickung« wird von der beide Beine umringelnden Schlange unterstrichen und durch die ebenfalls sich umschlingenden Pflanzen verstärkt. Der eine sichtbare Seelenvogel fliegt so, als ob er abstürzen würde. Das Herz hat einen Riß; um die voneinander getrennten Yin- und Yang-Hälften züngeln Flammen.

Im *Rider-Waite-Tarot* herrscht ein garstiger Teufel auf einem Block, an den zwei nackte Menschen – eine Frau und ein Mann – gekettet sind. Beide Menschen tragen Hörner und Schweife des Teufels. Während der Teufel den Flammenschweif des Mannes noch weiter entzündet, entsprießt aus dem Schweif der Frau eine Weinbeerentraube.

Im *Crowley-Tarot* steht ein fast schelmisch grinsender Ziegenbock mit mächtigem Gehörn in der Unterwelt vor einem Gebilde, das wie ein erigierter Penis aussieht; dessen Spitze entschwindet irgendwo im Jenseits. Die transparenten Hoden werden von bläulichen Menschlein bevölkert, deren Treiben eindeutig wollüstiger Natur ist.

Allgemeine Bedeutung:

Der Volksmund kennt »Tod und Teufel« – die beiden Bösewichter und Sündenböcke der (unbewußten) Menschheit. Der »Teufel« ist die meistbenutzte Lüge, um Menschen Angst einzujagen; ihr zufolge versucht eine vermeintlich diabolische Kraft von außen die Menschen und führt sie ins Verderben.

Also muß diese Energie auch als Archetypus im Tarot auftauchen.

Aber lassen Sie sich nichts vormachen. Der Teufel ist in Wirklichkeit schlimmstenfalls die Spiegelung unserer eigenen Vorstellungen, Illusionen, Ängste und Gelüste, unserer unterdrückten, verdrängten oder pervertierten, weil nicht gelebten Lust und unserer unerkannten, unbewältigten Schattenseiten.

Wenn wir uns nicht freiwillig damit auseinandersetzen, werden wir gezwungen, uns dem Schatten zu stellen, den wir schließlich selbst erzeugt haben.

Gängige Tarotsysteme präsentieren uns den Teufel als einen Halbgott mit einem Körper; sie stellen ihn als Geschöpf mit Ziegenhaupt dar, das zwei Menschlein verkettet. Im *»Tarot der Liebe«* haben wir uns von diesen irreführenden Bilderdarstellungen absichtlich gelöst. Statt dessen sehen wir dort zwei Menschen, deren Beine auseinanderstreben, während sie sich mit ihren beiden Armen noch festhalten und keinerlei Anstalten machen, loszulassen: ein klassischer Fall von »Verstrikkung«. Wir legen also mehr Wert auf den Aspekt, daß der »Teufel« in der Partnerschaft einen Kampf zwischen Vereinung und Trennung verkörpert, als auf die Sichtweise, daß wir von irgendwelchen finsteren Mächten erst versucht und dann gefesselt würden.

In der Geschichte stehen sicher Leute wie HITLER, STALIN und KHOMEINI, vielleicht auch DSCHINGIS KHAN und NAPOLEON für das unkontrolliert »Teuflische«. Allerdings sollte man nicht übersehen, daß sie immer nur mit dem stillschweigenden Einverständnis ihres Massenkollektivs so teuflisch handeln konnten. Wir alle sind in die Taten dieser Leute irgendwie verstrickt: indem wir sie unterstützen, dulden, verdrängen, über sie schweigen und hinwegsehen, möglicherweise auch durch unsere eigenen negativen Gedankenformen, die solche Phänomene überhaupt erst möglich machen.

Liebe:

Jeder Verstrickung geht ein »Bestricktwerden« voraus! Das »Teuflischste« einer einseitigen oder gegenseitigen Verkettung besteht darin, die eigene Verhaftung gar nicht zu bemerken – sondern sie mit Liebe, Fürsorge, Verantwortung oder dergleichen zu verwechseln. Wir wollen, daß unser/e Partner/in eine Rolle für uns spielt, die mit der Wirklichkeit nicht übereinstimmt. Wir sehen im anderen Menschen das, was wir sehen *wollen* – nicht, wie er in Wahrheit ist.

Falls es bei der fraglichen Beziehung in allererster Linie um Sexualität als Anziehungsfaktor geht, werden innere Ängste und äußere Auseinandersetzungen kein Ende finden (bis der Blitz von Karte 16 einschlägt). Auch sexuelle Hörigkeit gehört zu dieser Karte.

Wenn diese Karte in der Tarotsitzung gezogen wird, hilft nur genaues Nachsehen im Keller der eigenen Psyche – oder auf dem Dachboden der eigenen Idealisierungen. Widersprüchliche Impulse und unklare Gefühle – zwischen »blinder Liebe« und »blindem Haß« – zu verdrängen, führt nur in noch tieferes Leid.

Die »Verstrickung« repräsentiert die Qual der Wahl – zwischen wahrer Liebe einerseits, Ego-Süchten und Ego-Trips andererseits. Darin liegt eine Chance, herauszufinden, wer an wem warum hängt!

Familie:

Die Karte »Verstrickung« steht hier für die Tendenz, abweichende Verhaltensweisen zu »verteufeln«: wenn zum Beispiel die Tochter mit einem nicht genehmen neuen Freund nach Hause kommt oder sich der Sohn »herumtreibt«.

»Die Verstrickung« steht auch für die Tendenz vor

allem unsicherer oder einsamer Eltern, die Kinder nicht ihren eigenen Weg gehen zu lassen – unter dem Deckmantel der Fürsorge. Die Karte fordert dazu auf, untereinander ehrlich über die Motive zu sprechen, die den eigenen Wünschen und Verhaltensweisen zugrunde liegen. Natürlich darf Freiheit nicht mit einem Freibrief für Unverantwortlichkeit verwechselt werden.

Partner/Freunde:

In diesem Zusammenhang zeigt die Karte »Die Verstrickung« die Tendenz an, einen anderen Menschen emotional »gefangenzunehmen« – aber auch entstehendes Mißtrauen zwischen Freunden, ohne daß die Problematik offen angesprochen wird.

Also bedeutet die Karte »Verstrickung« eine Aufforderung, reinen Tisch zu machen und eventuell überholte Partnerschaften zu überprüfen und neu zu ordnen.

Nicht bewußt:

Wenn wir diese Karte ziehen und meinen, unsere eigene Situation brauche keine Veränderung, dann stekken wir den Kopf in den Sand oder sind bereits mitten im Schlamassel und wissen es nicht. Das wird in unserem Leben Folgen haben, die wir selbst heraufbeschwören (siehe Karte 16).

»Verstrickung« kann auch bedeuten, daß wir ausgenutzt und/oder beherrscht werden, ohne uns darüber im klaren zu sein.

Schlüsselworte zur »Verstrickung«:

Neurotische Anziehung oder karmische Bindung gewinnen Gewalt über Liebe oder Partnerschaft; Fallstricke alter negativer, noch nicht aufgelöster Verhaltensmuster; die Probe aufs Exempel, wo man noch »hängt«.

16. Der Blitz

Kurzbeschreibung und Vergleich:

Im »*Tarot der Liebe*« fährt ein Blitz nicht »aus heiterem Himmel«, sondern aus dem Tao der vollkommenen Einheit von Yin und Yang. Er spaltet das Ei der Ureinheit, die »Monade«. So läßt er die Seelenvögel in die Freiheit entfliegen. Die dem Äußeren verhafteten Menschen hingegen tauchen nach unten, in die kühle Realität ihrer un- und unterbewußten Dimensionen, die sie nun ganz unmittelbar erfahren.

Im *Rider-Waite-Tarot* schlägt ein Blitz aus pechschwarzem Himmel die Krone eines Gefängnisturms ab, aus dessen Fenstern Feuersbrunst hervorbricht. Zwei ehedem edle Gestalten fallen erschreckt ins Ungewisse.

Flammen, die aus einem Maul herauslodern, lassen im *Crowley-Tarot* ein Haus einstürzen, das einem Gefängnis ähnelt. Kubistisch anmutende Wesen, vielleicht Menschen, fliegen willenlos wie Puppen durch die Luft. Über allem strahlt aus einem großen Auge Energie bis in die letzten Winkel. Eine Friedenstaube und ein Strahlendrache geben dem ganz in Schwarz, Rot und einem schmutzigen Gelb gehaltenen Bild noch etwas Versöhnliches.

Allgemeine Bedeutung:

Ein Blitz schlägt ein, alte Strukturen werden zerstört.

Auch wenn wir diese verfestigten Strukturen vielleicht als Schutz aufgebaut hatten, sind sie für uns inzwischen zum Gefängnis geworden. Da wir sogar selbstgebaute Gefängnisse meistens nicht freiwillig verlassen wollen, muß der Blitz einschlagen. Der Blitz bedeutet also auch eine Befreiung!

Diese Karte heißt im Partnerschaftstarot »Der Blitz«, in anderen Tarotsystemen dagegen »Der Turm«, »Der Turm der Zerstörung« oder »Das Haus Gottes«. Auf *allen* Karten aber spielt der Blitz die wichtigste Rolle; denn es ist dieser aus »heiterem Himmel« kommende Blitz, der allein über die notwendige Kraft verfügt, die Fesseln und Ketten der Verstrickung zu sprengen.

Wenn wir uns mit den Schatten der eigenen »Teufel« *nicht* auseinandersetzen wollen, schickt uns ein gnädiges Schicksal den Blitz!

Der Blitz steht also für einen Umbruch, der scheinbar destruktiv ist und uns unfreiwillig von außen aufgezwungen wird. In Wirklichkeit aber kann nur die Urgewalt des Blitzes all das endlich wieder aufbrechen, was sich an Gefühlsblockaden, Vorurteilen, Dogmen, Vor-Stellungen, Masken und Projektionen zu starren Panzern verhärtet hat.

Wir müssen den Weg des Lebens finden und gehen, anstatt zu versuchen, dem Leben unseren Willen und unsere Vorstellungen aufzuzwingen. Unsere Egotrips bauen bekanntlich die Gefängnismauern um uns herum – die dann nur noch mit »Gewalt« zerstört werden können.

Die Kraft des Blitzes scheint zerstörerisch und schmerzhaft. In Wahrheit aber ist der gewalttätige Blitz unsere letzte Rettung und Hilfe, um überhaupt zu überleben.

Die Urgewalt des Blitzes, der aus höheren Gefilden herniederschlägt, um Altes zu zerstören und Lebensraum für Neues zu schaffen, personifizieren zum Beispiel Johanna von Orleans (die dafür selbst mit dem Leben bezahlte), Martin Luther, George Washington, Lenin, Mao und heute Osho Rajneesh (der früher Bhagwan genannt wurde; er läßt kein einziges überholtes gesellschaftliches, politisches, psychologisches und spirituelles Verhaltensmuster unangetastet).

Liebe:

Das Ego wird vom Schicksal gestürzt, die Masken werden heruntergerissen. Wenn uns das, was wir dann sehen, nicht gefällt, stehen die Konsequenzen bereits fest.

Der Blitz bringt für die Liebesbeziehung eine stürmische Zeit, in der scheinbar äußere Anlässe und Ereignisse die Partnerschaft völlig umkrempeln. Alle Stagnation hat ein Ende, Einengungen werden gesprengt.

Man steht wieder »nackt« vor sich und dem Partner – völlig neue Energien können sich eine Bahn brechen. Das Leben schenkt einen Neubeginn. (Karte 17 nimmt dieses Thema später auf.)

Der »Blitz« kennzeichnet eine Zeit, in der man vielleicht nicht geben kann, weil so viel mit einem selbst passiert.

Familie:

Ketten überholter Lebensgewohnheiten, die durch Schuldgefühle, Ängste und Machtgehabe geschmiedet wurden, werden zerschlagen.

Kein Stein bleibt auf dem anderen. So kann es beispielsweise zum Auszug aus der Gemeinschaftswohnung oder aus dem bis dahin gemeinsamen Leben kommen. Auf jeden Fall bedeutet der Blitz auch für die Familie die Chance für einen Neuanfang in Freiheit – so erschütternd der Umbruch zunächst auch erscheinen mag.

Partner/Freunde:

Heftige Auseinandersetzungen klären die Partnerschaft wie ein Gewitter. Verhärtete Positionen und angemaßte Autorität geraten unter Beschuß. In Freundschaften kommt es zu einer Radikalkur und einem Großreinemachen.

Nicht bewußt:

Wenn wir das ganze Leben hindurch nur dahingedämmert haben, statt uns Auseinandersetzungen zu stellen, kann die »Blitz-Schocktherapie« des vermeintlich bösen Schicksals ein so schwerer Schlag sein, daß wir gesundheitlich zusammenbrechen.

Es gilt also frühzeitig zu erkennen, daß *alles*, was wir nicht *in uns* klären, uns eines Tages unerbittlich von *außen* »zustößt«. Also ist es höchste Zeit, die Verantwortung für uns und unser Schicksal zu übernehmen.

Schlüsselworte zum »Blitz«:

Scheinbar von außen kommende plötzliche Veränderung in der Beziehung; der Zwang, Masken abzunehmen und selbstgebaute Gefängnisse zu verlassen.

17. Der Stern

Kurzbeschreibung und Vergleich:

Im *»Tarot der Liebe«* strahlt aus einem Stern mildes Regenbogenlicht. Ein Paar, das sich zärtlich umarmt, hält mit nach oben gerichtetem Blick ein Füllhorn, aus dem sich reine Gaben der schöpferischen Natur ergießen. Die Kraniche haben ihre Köpfe ebenfalls zum gestirnten Himmel gerichtet.

Unter einem großen gelben und sieben kleineren weißen Sternen am hellblauen Himmel kniet im *Rider-Waite-Tarot* eine nackte Frauengestalt an einem Gewässer und gießt zwei Krüge mit Wasser aus. Einen Krug entleert sie in das Gewässer selbst hinein, den anderen auf die grünende Erde daneben. Diese Frauengestalt erinnert an die Figur auf Karte 14, »das Maß«.

Auch im *Crowley-Tarot* tritt eine nackte Frau auf. Vor einer transparenten, riesigen Weltkugel und unter einem sich spiralförmig drehenden Stern gießt sie mit der rechten Hand aus einer grünlichen Schale flüssige Energie auf sich selbst; zugleich läßt sie mit der linken Hand die gleiche Energie aus einer blauen Schale auf die Erde strömen.

Allgemeine Bedeutung:

Beim »Stern« öffnet sich erneut der Himmel – aber nicht, um uns mit einem Blitzschlag niederzustrecken, sondern um uns zu beschenken.

Der Stern steht für einen Hoffnungsstrahl, der nicht nur uns belebt, sondern sich wie aus einem Füllhorn oder wie das Wasser des Lebens *durch uns* auf unsere Umwelt ergießen kann. Wir werden zu Empfängern und sollten auch zu Mittlern dieser höheren Gaben werden!

Der Stern repräsentiert auch den ersten fruchtbaren Kontakt mit dem sogenannten »höheren Selbst«.

Der Begründer des Roten Kreuzes HENRI DUNANT, die Sufi-Heilige MIRA BAI und sicherlich auch die mythischen Nymphen gehören zu jenen, die eigene Inspirationen in liebevolle schöpferische Tätigkeit für ihre Umwelt umgesetzt haben.

Liebe:

Nach einer Zeit des Umbruchs in der Beziehung weist diese Karte jetzt auf einen neuen Aufschwung hin. Jetzt lebt der Gefühlsaustausch wieder auf – ein Frühling der Herzen!

Ein harmonischer Energiefluß zwischen allen Zentren des Menschen, seelisch-geistig und emotional-körperlich, beflügelt uns. Wir können diese Liebesenergie anderen Menschen spürbar übermitteln. Neue Lebens- und Liebeshoffnung keimt auf. Auch signalisiert »Der Stern« eine gute Zeit, um schwanger zu werden.

Familie:

Nach der »Familienkatastrophe« entwickelt sich eine neue Kommunikation auf einer geistig höheren Ebene und in liebevollerer Weise. Auch weist die Karte »Der Stern« auf eine gute Zeit hin, um nach neuen Zielen Ausschau zu halten und sie gemeinsam zu verwirklichen. Ebenso zeigt »Der Stern« neue Freude am Familienleben und gemeinsamen Unternehmungen an.

Partner/Freunde:

In ihrer Zusammenarbeit, ihrem Zusammenleben

stimmen Partner und Freunde intuitiv überein. Sie verwirklichen außen, wozu sie innerlich geführt werden. Neues Vertrauen entsteht.

Darüber hinaus zeigt »Der Stern« Offenheit für geistige Befruchtung und gesellschaftlich-kulturell konstruktive Tätigkeiten an.

Nicht bewußt:

Schöpferische Entwicklungschancen werden versäumt, weil man noch irgendwelchen längst vergangenen und überholten Phantasiegebilden nachhängt und nachtrauert. Wer den Impuls zum Neubeginn verschläft, fühlt sich zwar in der Sternenzeit wohl – verpaßt aber den Freudenstrahl einer flüchtigen Sternschnuppe.

Schlüsselworte zum »Stern«:

Hoffnung; harmonische Schwingungen aus höheren Dimensionen beleben, bereichern und vertiefen eine Partnerschaft.

18. Der Mond

Kurzbeschreibung und Vergleich:

Im »*Tarot der Liebe*« sitzt ein nacktes Paar Rücken an Rücken auf einem aus dem Wasser herausragenden Herzen, ganz eingehüllt in sanftes Regenbogenlicht, welches sich mit all seinen geheimnisvollen Kräften aus einem silbrigen Mond über dem Paar ergießt. Während die Kraniche der Seele sich bereits zum verheißungsvollen Mond aufgeschwungen haben, scheinen die beiden

Menschen noch träumerisch auf die *Spiegelung* des Mondes im Wasser vor ihnen zu blicken.

Im *Rider-Waite-Tarot* verläßt ein Krebs sein angestammtes Wasserrevier und begibt sich auf den sandigen Weg in die Ferne, dem Mond entgegen, offensichtlich wie magisch angezogen von dessen Strahlen. Der Weg führt zwischen zwei Hunden und zwei (Wach?)-Türmen hinaus in eine fremde Bergwelt. Wie zur Ermunterung läßt der Mond eine Art Manna herabregnen.

Eine ähnliche Bildgestaltung wie im Rider-Waite-Tarot finden wir bei *Crowley*. Nur tritt hier anstelle des Krebses ein ägyptischer Skarabäus auf, der eine (Gold-) Kugel vor sich herschiebt. Samt dieser Kugel muß sich der Käfer seinen Weg zwischen zwei ägyptischen Geschöpfen bahnen, die ihrem Aussehen nach eher der Unterwelt als der Götterwelt entstammen. Der Skarabäus muß hier aus einer lichten Welt durch ein Dunkel wieder ins Licht.

Allgemeine Bedeutung:

Der Mond fordert heraus, bevor er gibt. Während der Stern schenkt, ohne zu fragen, spiegelt der Mond zunächst unseren Seelenzustand, von dem es dann abhängt, was wir erhalten.

Der Mond löst in uns die Sehnsucht nach einer anderen Lebenswirklichkeit aus, nach der Realisierung von Träumen und Visionen. In sein mysteriöses Wunderland läßt er uns aber erst eintreten, wenn wir sehr diffizile Prüfungen bestanden haben. Der Kern dieser Prüfungen besteht immer darin, daß wir uns entscheiden müssen, ob wir auf unserem Lebensweg dem logischen, rationalen Verstand oder mehr unserer inneren Stimme der Intuition vertrauen. Durch solche Prüfungen finden wir auf einen individuellen Lebensweg, der zur einzig wahren Erfüllung führt: zu unserer eigenen Lebenswahrheit. Nur wer bereit ist, sollte diesen Weg auch einschlagen.

Mondgestalten sind die ägyptische Göttin Isis, die nicht vom Kirchendogma verzeichnete Maria und vielleicht auch die geheimnisumwitterte griechische Prophetin Kassandra, die den Untergang Trojas voraussagte. (Im Deutschen heißt es »der Mond« und »die Sonne«, in romanischen Sprachen »la lune« und »le soleil«. Dem germanischen Ursprung nach ist die Sonne also eine weibliche Urmutter und der Mond lediglich eine männliche Spiegelung dieser weiblichen Schöpferkraft!)

Liebe:

»Der Mond« steht für die Sehnsucht nach einer tiefen Liebe, von deren Existenz man (bislang) nur träumt. Aus dem Unterbewußtsein oder aus Erinnerungen an frühere Leben steigen Idealbilder von Liebesbeziehungen in anderen Dimensionen auf.

Es bietet sich die Gelegenheit, magische Energien in der Partnerschaft zu erleben, auch wenn man sie eher nur ahnt als bewußt begreift. Man sieht sich herausgefordert, *gemeinsam* den bereits begonnenen Lebensweg intuitiv und intelligent zugleich fortzusetzen – sich also auf eine tiefgreifende Umwandlung, Vertiefung und Suche einzulassen.

Mondzeiten sind Zeiten voller Zauber!

Familie:

Die bisherige Wirklichkeit der Familie verliert an Bedeutung – man sieht die Familie wie durch andere

Augen. Visionen und Hoffnungen wahrer Gemeinschaft überlagern gewohnte Rollenspiele und Höflichkeitsmasken.

Gerade weil man die Andersartigkeit und Fremdheit der Familienmitglieder im tiefsten Inneren spürt, versucht man, eine echte Verbindung auf einer höheren Ebene zu finden.

Partner/Freunde:

Zwei Suchende, die lange genug allein in der Wüste umhergeirrt sind, haben sich gefunden und entdecken ein gemeinsames Schicksal. Beide ahnen eine Heimat, die nicht von dieser Welt ist; beide sind den Weg dorthin noch nicht gegangen, aber beide sind bereit, die Reise ins Mysterium ein Stück weit gemeinsam zu unternehmen.

Nicht bewußt:

Wenn wir nicht bewußt genug leben, verleiten uns die Mondkräfte dazu, uns in Illusionen und irrationalen Ängsten zu verlieren oder von übersinnlichen Eingebungen beherrscht zu werden.

Bekanntlich sind Voll- und Neumondzeiten Krisenzeiten: Es ereignen sich dann nachweislich mehr Unfälle, Morde, Selbstmorde und Komplikationen bei chirurgischen Eingriffen als zu anderen Zeiten.

Schlüsselworte zum »Mond«:

Sehnsucht nach Seelenpartnerschaft; intuitive oder mediale Öffnung für neue Ebenen in der Beziehung.

19. Die Sonne

Kurzbeschreibung und Vergleich:

Im »*Tarot der Liebe*« hat sich die blauviolette Blume der Sehnsucht im Zeichen des Tao ganz geöffnet. Hinter ihr wölbt sich das rote Herz der Liebe. Noch weiter entrückt sehen wir eine Familie – Mutter, Vater, Kind – vor der goldenen Sonne unter einem Regenbogen. Vier Vögel fliegen in der blauen Ferne des alles überspannenden Himmels einem unbekannten Ziel entgegen.

Im *Rider-Waite-Tarot* läßt eine überdimensionale Sonne ihr wärmendes Licht auf ein kleines, nacktes Kind strahlen, das voller Freude auf einem jungen Schimmel reitet – vor einer Mauer, die von blühenden Sonnenblumen gesäumt wird. In der Hand des Kindes flattert ein orangefarbenes Tuch lustig im Wind.

Wie auf fast allen anderen Tarotkarten Nr. 19 üblich, zeigt das *Crowley-Tarot* hier zwei nackte Kinder. Mit Schmetterlingsflügeln schweben sie vor einem grünen Hügel unter einem Sonnenkranz, deren Strahlen die zwölf Tierkreiszeichenabschnitte markieren.

Allgemeine Bedeutung:

Die Tarotkarte »Die Sonne« repräsentiert das Paradies auf Erden: also einen Zustand, der einem irdischen Garten Eden so nahe kommt, wie es die Begrenzungen unseres Planeten Erde und unsere Dimensionen von Körper, Raum und Zeit zulassen.

Das Leben kann genommen und genossen werden, wie es kommt, ist und auch wieder geht!

Kindliche Lebensfreude, Zuversicht, irdischer Erfolg, Genuß, kreative Energie, warmherzige Menschlichkeit und überschäumende Kraft kennzeichnen diese Sonnenperiode. Glück!

Der ägyptische Sonnengott Ra steht für diese Tarotkarte ebenso wie Kaiser Karl V., in dessen Reich die Sonne nie unterging, der französische Sonnenkönig Ludwig XIV. – und wohl auch die österreichische Kaiserin Maria Theresia (die in unseren Beispielen hiermit zum zweiten Mal auftaucht). Sie regierte ein riesiges Reich, ihr Silbertaler galt als fast universelles Zahlungsmittel (und wird heute noch in manchen arabischen Ländern angenommen). Notfalls scheute sie die kriegerische Auseinandersetzung nicht. Obwohl sie ihrem Mann eine liebende Gattin war und ihm nicht weniger als 16 Kinder gebar, hielt sie sich nebenbei Liebhaber, weil ihr Gemahl ihren anspruchsvollen Bedürfnissen anscheinend nicht vollauf gerecht wurde.

Liebe:

Endlich können wir einmal wirklich aus dem vollen schöpfen und uns hinein ins pralle Menschenleben stürzen – wenn wir unser Potential richtig erkennen und ausleben! Wir können uns auf unserer Lebensreise einen wundervollen Aufenthalt in einem eleganten Luxushotel oder auf einer einsamen romantischen Insel gönnen – mit einem strahlenden Schatz an der Seite.

Die Sonne stellt gesundes und fröhliches Wachstum und farbig differenzierte Entwicklung in einer Liebesbeziehung dar – oft auch die volle Blüte einer Partnerschaft oder Hochzeitsgelüste. Eine Zeit der Ernte.

Familie:

Auf familiäre Belange bezogen steht »Die Sonne« für Kindersegen, Freude durch Kinder oder innigen Kinderwunsch – ein erfülltes Familienleben.

Auf der Familie liegt ein Segen – den es zu nutzen gilt! Es bieten sich Chancen zur Versöhnung, Wiedergutmachung, Vergebung, Heimkehr des »verlorenen Sohnes«.

Feiern Sie ein Fest mit Ihren Lieben – für sich selbst!

Partner/Freunde:

Projekte, die jetzt (wieder) angepackt werden, können gelingen. Gemeinsame Vorhaben erhalten fruchtbare Impulse von außen. Die Kommunikation ist intensiv und schöpferisch. Angezeigt sind jetzt ein gemeinsamer Urlaub in der Sonne und Ausspannen nach Perioden von Streß, Hektik und Chaos.

Nicht bewußt:

Zu den negativen Seiten, welche »Die Sonne« anzeigt, gehören ein oberflächlicher Genuß vorübergehend günstiger Umstände; Ausschweifungen; skrupelloses Luxusleben auf Kosten anderer Menschen; Machtgelüste und Mangel an gesellschaftlicher Verantwortung; Mißbrauch von Geld und Einfluß.

Schlüsselworte zur »Sonne«:

Lebensgenuß und irdische Erfüllung in einer Partnerschaft als Geschenk aus einer überirdischen Sphäre.

20. Der Ruf

Kurzbeschreibung und Vergleich:

Im »*Tarot der Liebe*« beherrschen das betreffende Bild zwei riesige Kraniche. Aufmerksam beobachten sie ein Paar und gewähren ihm Schutz, während es die Arme zum Himmel reckt, dem kraftvollen Regenbogenlicht entgegen, das aus einem Tao-Zeichen von Yin und Yang hervorbricht.

Im *Rider-Waite-Tarot* bläst ein ebenfalls riesenhafter Engel, der an den Engel von Karte 14 erinnert, eine Fanfare. Damit erweckt er die Toten aus ihren Gräbern und Särgen. Waite nannte seine Karte »Urteil«.

Wie in einem indischen Regenbogen-Mandala sind im *Crowley-Tarot* ein kleinerer und ein äußerer, größerer Mensch transparent ineinander verwoben. Beide umschließt die tiefblaue Symbolgestalt einer Urmutter. Crowley gab dieser Karte den Namen »Äon«.

Allgemeine Bedeutung:

Wir nähern uns dem Ende unserer Lebensreise durch und mit archetypischen Verhaltensweisen und Lebenssituationen. Die Sonne stellte einen irdischen Höhepunkt dar. Nun heißt es, die Augen wieder von der Erde abzuwenden und den Blick auf höhere Gefilde zu richten.

Denn wir hören oder fühlen einen inneren oder äußeren Ruf, völlig neue Dimensionen des Lebens zu erschließen. Dazu bedarf es einer Neugeburt oder Wiedergeburt, die oft mit einem Urteil über unsere bisherige Lebensführung einhergeht. Dieser Ruf geht aber nicht von fremden, überirdischen Instanzen aus, sondern von unserer eigenen Seele, unserem Selbst. Wir sollten uns also wie bei der Verstrickung (»Teufel«) davor hüten, eine äußere Macht als Ursprung dieses Rufes anzusehen, um uns damit vor der Entscheidung drücken zu können.

Der Ruf offenbart uns den göttlichen Funken eines unsterblichen Bewußtseins; er beinhaltet das Versprechen eines neuen, anderen Lebens, eines geistigen Erwachens und Jungbrunnens. Deshalb heißt diese Karte in anderen Tarotspielen zum Beispiel auch »Äon« (Crowley), »Urteil« (Rider-Waite), »Wiederauferstehung«.

JESUS VON NAZARETH, der zum Christus wurde, folgte seinem Ruf und übermittelte die Botschaft des neuen, ewigen Lebens durch eine geistige Wiedergeburt an seine Gläubigen; CHRISTOPH KOLUMBUS folgte dem Ruf seiner Abenteuerlust und seiner königlichen Geldgeber, um ein neues irdisches Paradies zu entdecken; MARTIN LUTHER KING folgte dem Ruf seines Herzens und des menschlichen Gewissens, um den Menschen Gerechtigkeit und Brüderlichkeit gewaltlos nahezubringen; MUTTER TERESA lebt ihrem Ruf noch heute nach.

Liebe:

Leise rufen uns unsere Seelen. Was wir bislang an Wissen über die Psychologie von Liebesbeziehungen angehäuft haben, hilft uns nun nicht mehr weiter. Wir sind aufgerufen, uns nach innen zu orientieren und zu akzeptieren, wohin auch immer unser Ruf uns in der Partnerschaft oder allein führen mag.

Liebe wird letztlich von dem beiderseitigen Verständnis getragen, daß alle Menschen einen Ursprung und ein gemeinsames Ziel haben: das Tao, die Mitte, den Himmel, das Paradies. Wenn die Karte »Der Ruf« für eine

Liebesbeziehung gezogen wird, streben die Seelen beider Partner nach diesem übersinnlichen Seinszustand.

»Der Ruf« kann für eine zerbrochene oder vernachlässigte Partnerschaft auch eine Wiederbelebung oder Wiedervereinigung bedeuten.

Familie:

Der älteren Generation zeigt die Karte »Der Ruf« einen zweiten oder dritten Frühling an, der jüngeren Generation eine neue Blickrichtung. Sie steht für einen Aufruf zur Erkenntnis, daß wir mehr als nur Funktionen innehaben und mehr als nur Rollen wie Mutter, Vater oder Kind spielen sollen, sondern »multidimensionale« Wesen sind. Wir müssen uns auf ein gemeinsames höheres Ideal oder Ziel ausrichten.

Wenn ein Familienmitglied seinem ganz speziellen Ruf folgt und sich auf einen eigenen Weg begibt, so sollten wir dafür Verständnis aufbringen – im Wissen, daß wir auf der geistigen Ebene verbunden sind und bleiben.

Partner/Freunde:

Partner und Freunde sollen sich gegenseitig dabei unterstützen, den Weg zur Verwirklichung der Sehnsüchte, welche die Karte »Der Mond« gebracht hat, auch wirklich zu gehen. »Der Ruf« hilft, die bei jeder Wiedergeburt notwendige Ichaufgabe zu vollziehen und gleichzeitig den Freund der vollkommenen Zuneigung zu versichern.

Während die Verwandlung (Tod) und der Blitz unausweichliche Ereignisse darstellen, muß man sich dem Ruf *nicht* unbedingt stellen. Aber seine Verheißungen sind großartig genug, um den Blick nach oben zu richten und alles Nebensächliche fallenzulassen.

Nicht bewußt:

Mit Urteilen des eigenen Gewissens oder der Umwelt wird man nicht fertig – und überhört den Ruf, zu einer höheren Lebenseinstellung oder einem anderen Verhalten zu finden. Eine *letzte* Chance zur Transformation, Entwicklung und Öffnung für völlig neue Bewußtseinsdimensionen bleibt ungenutzt.

Schlüsselworte zum »Ruf«:

Geistige Wiedergeburt einer Beziehung; Aufruf zur Neuorientierung; Überprüfung des Lebensweges.

21. Die Schöpfung

Kurzbeschreibung und Vergleich:

Im *»Tarot der Liebe«* besteht der Erdball aus dem vollkommenen Tao eines blauen und grünen Yin und Yang, die nicht mehr voneinander zu trennen sind. Eine Regenbogenaura umschließt ihn ganz. Auf dieser Weltkugel steht unser Paar unter der weißen »Lemniskate«, der liegenden Acht als Ausdruck der Ewigkeit. Sie halten sich gelassen und doch innig an den Händen – zwischen ihnen blühen die Blumen. Die beiden Seelenvögel fliegen aufeinander zu. Über allem regiert das rote Herz der Liebe.

Eine nackte junge Frau, spärlich von einem wehenden Gewand verhüllt, tanzt im *Rider-Waite-Tarot* mit zwei (Zauber-)Stäben in den Händen in einer Girlande – frei im Blau eines unendlichen Himmels. In den vier Ecken der Karte sehen wir die Symbole der vier Evangelisten: Engel, Adler, Stier und Löwe.

Im *Crowley-Tarot* tanzt eine nackte, sinnlich anregende Frau geschmeidig im blaugrünen Urgrund der Schöpfung. Mit einem Fuß stützt sie sich auf den Kopf einer Schlange, die sie entweder besiegt oder gefügig gemacht hat. Mit einem himmlischen Zirkel in ihrer Hand »mißt« sie das Licht, das aus einem göttlichen Auge strömt. In den vier Ecken der Karte sind wieder die Symbole für die vier Evangelisten JOHANNES, LUKAS, MATTHÄUS und MARKUS zu sehen.

Allgemeine Bedeutung:

Die Suche ist zu Ende: Wir sind in unserer ewigen Heimat angekommen. Der Kreis eines Lebenslaufs und Lebenswegs hat sich geschlossen.

Das Idealbild von Einheit und Freiheit bestimmt das Lebensgefühl – das Spiel oder der Tanz im Universum ist leicht und unbeschwert. »Probleme« werden als Entwicklungschancen angenommen.

Der Phönix der Karte 13, »die Verwandlung«, ist endgültig auferstanden; nun zieht er seine Bahn vor dem Hintergrund eines ewigen Firmaments von Unendlichkeit und Unsterblichkeit.

Man kann sich selbst als Teil der gesamten Schöpfung und als *Mitschöpfer* erleben und fühlt sich von kosmischen Energien getragen.

ADAM und EVA sind Archetypen zu dieser Tarotkarte, ebenso wie wohl die indische Göttermutter KALI.

Wie Sie bemerken, gibt es zu dieser Karte nicht sehr viel zu sagen; es ist eine »einfache« Karte. Wir sehen in der Karte 21, »Die Schöpfung«, »Die Welt« (Rider-Waite) oder »Das Universum« (Crowley) anders als manche Tarotinterpreten keine düsteren Nebenbedeutungen wie Selbstzufriedenheit oder Stagnation.

Wenn die Schöpfung als Ganzheit und Einheit gesehen und erfahren wird, steht die »unio mystica«, die mystische Einswerdung der Seele mit Gott, im Mittelpunkt des unmittelbaren Erlebens!

Liebe:

»Die Schöpfung« zeigt Liebe als persönliche *und* überpersönliche Beziehung. Wenn die intime Liebesbeziehung nicht »echt« ist, wäre nun eine gute Zeit, sie in Freundschaft umzuwandeln.

Wenn diese Karte für eine intakte Beziehung gezogen wird, so stehen alle Zeichen positiv, nach dem Motto: »Wo wir sind, da ist oben«, gleich, wie die Lebensumstände sein mögen.

Anders als die vor Saft und Kraft strotzende Sonne zeigt die Welt eine harmonisch-ausgeglichene Liebesbeziehung an, in der sich weibliche und männliche Interessen sowie erotische und spirituelle Wünsche in einem erlebten Gleichgewicht befinden, ohne sich in irdisch-materiellen Formen ausdrücken zu müssen.

Es ist eine Liebe voller Weisheit und Güte, wie die Verbindung zweier »älterer« Seelen, die schon viel durchlebt und durchlitten haben.

Familie:

In diesem Zusammenhang steht »Die Schöpfung« für die Kontinuität menschlichen Lebens im Wechsel der Generationen. Wir spüren, daß unsere Eltern, Großeltern und weiteren Ahnen etwas mit unserer eigenen Seele und Persönlichkeit zu tun haben und daß wir selbst ebensolche Wirkungen an unsere Kinder weiterreichen.

Darüber hinaus kann »Die Schöpfung« anzeigen: die

Geburt eines Kindes, das in unser Universum eintritt; einen Auszug in eine eigene Wohnung oder ins Ausland; die eigenständige Weiterentwicklung des individuellen Lebens auf dem sicheren Fundament einer kulturellen und gesellschaftlichen Ganzheit.

Partner/Freunde:

Jeder hat zu seiner Mitte gefunden. Aus dieser Mitte heraus kann er nun schöpferisch aktiv werden, ohne an Geld und Ruhm zu denken.

Ein neuer Zyklus beginnt, in dem wir unsere inzwischen erlangte innere und äußere Unabhängigkeit und alles zuvor Erlernte in der Welt und für die Welt anwenden können.

Freunde stehen unter einem unsichtbaren Schutz. Sie fühlen ihre Partnerschaft als Ausdruck eines ewigen Kreislaufs und der innigen Verbindung ihrer Seelenkräfte.

Nicht bewußt:

Wir spüren eine positive Energie, können aber nichts damit anfangen. Wir finden nicht den richtigen Zeitpunkt, nicht den Mut oder keines von beiden, um aus der Tretmühle des Alltags »herauszuspringen« und auf das Rad des Lebens »aufzuspringen«, das uns nach oben heben will.

Schlüsselworte zur »Schöpfung«:

Vollendung einer karmischen Beziehung durch schöpferisches Ausleben des Potentials; oder Auflösung einer Partnerschaft in beiderseitigem Einverständnis.

0. Die Narren

Kurzbeschreibung und Vergleich:

Im »*Tarot der Liebe*« balancieren ein Mann und eine Frau sicheren Schrittes auf einem dünnen Hochseil über eine Hügellandschaft roter Herzwölbungen. Sie winken einander fröhlich zu – vielleicht ein Abschied auf Zeit? Die beiden Kraniche fliegen jeweils in eine andere Richtung, ebenfalls nicht, ohne sich vorher leichten und frohen Herzens noch einmal zu grüßen. Die beiden leuchtenden Blüten, welche eine Zeitlang umeinander herumgewachsen sind, streben nun in unterschiedliche Richtungen. Über allem steht anstelle der Sonne ein in sich geschlossenes Tao-Zeichen am blauen Himmel – wie eine Erinnerung an eine nicht aufzuhebende innere Einheit.

Wie in gebräuchlichen Tarotsystemen üblich, so geht auch im *Rider-Waite-Tarot* ein junger Mann leichtfüßig, den Blick himmelwärts gerichtet, in ein scheinbares Verderben: in seinen Absturz aus der Welt der sicheren Erde. Ein kleiner Hund folgt ihm. Das Bündel des Narren ist klein – er trägt (noch) nicht (mehr) viel mit sich herum. Die weiße Blüte in seiner Hand symbolisiert die Reinheit seines Herzens.

Im *Crowley-Tarot* umschlingen Lichtgirlanden, ein Schmetterling, eine Taube, Trauben, ein Krokodil und ein kleiner Löwe eine grüngekleidete, doppelgeschlechtliche Gestalt. Ihr Blick ist wie entrückt.

Allgemeine Bedeutung:

Die Ziffer 0 weist schon darauf hin: Bei den Narren

handelt es sich um Menschen, die ganz aus dem üblichen Schema herausfallen. Es gibt – je nach Bewußtseinsstand – *noch* nichts zu wollen, zu wünschen und zu tun. Die Narren sind wie Kinder. – *Oder* es gibt für sie nichts *mehr* zu wollen, zu wünschen und zu tun. Dann sind unsere Narren Weise.

»Die Narren« stehen für Unabhängigkeit und die Fähigkeit, auch allein, frei und trotzdem glücklich zu leben; oder für bindungslose Unverantwortlichkeit – wiederum je nach Bewußtseinsentwicklung und Lebenserfahrung.

Die meisten Tarotspiele sehen hier nur eine Figur vor: eine männliche Gestalt (wie auch beim Einsiedler und beim Wagen). Für unser *»Tarot der Liebe«* kamen selbstverständlich nur zwei Personen in Frage, die das positiv »erleuchtete« Narrenbewußtsein verkörpern.

Ein Narr schaut hinter die Kulissen und stellt die Schwächen von Traditionen, Dogmen und Sitten bloß. Er läßt die Zuschauer ahnen, daß wir eigentlich alle Narren sind, wenn wir weiter in gesellschaftlichen Konventionen oder angstbedingten Verhaltensmustern steckenbleiben und uns und anderen etwas über die wahre Natur des menschlichen Lebens vormachen.

Ob LAOTSE in diesem Sinne zu den Narren gehört, wissen wir nicht, weil nicht überliefert ist, ob er seine Erleuchtung auch in einer Partner- und Liebesbeziehung gelebt hat. WOODY ALLEN und DIANE KEATON, natürlich auch KARL VALENTIN und LIESL KARLSTADT haben sich als Filmnarrenpaare verdient gemacht.

Liebe:

»Die Narren« weisen auf die vollkommene Freiheit hin, sich ohne Psychospiele, Egotrips und dramatische

Verhaftungen zu entscheiden, ob und wie man zusammensein und -bleiben möchte.

Wenn nur ein Partner diese Freiheit lebt, wird die Beziehung nicht einfach oder dauerhaft sein können, weil der »Narr« in der Partnerschaft unentwegt ganz unschuldig auf die wunden Punkte deutet.

»Narren« haben die Größe, auch im Abschied fröhlich zu bleiben und sich von anderen Menschen ohne Bitterkeit und Schuldprojektionen zu trennen. Nur das Leben im Augenblick, im Jetzt und Hier, zählt; das wissen vielleicht beide Partner. Wenn man mit dem Lebensfluß mitgeht, werden auch die scheinbar schwierigsten Partnerschaftsprobleme leicht gelöst – weil man *sich* von den Problemen lösen kann.

Lebenssinn läßt sich auch auf getrennten Wegen erkennen. Notfalls hat man dafür eine Zeitlang *alleine* zu leben!

Familie:

Auf die Familie bezogen, stehen »Die Narren« für einen Abschied von starren Strukturen, denen keine Träne nachgeweint werden muß – und für Risikofreude, um sich selbst besser entfalten zu können. Man nimmt sein Leben in die eigenen Hände, auch ohne familiäre Unterstützung. »Narren« experimentieren mit neuen Möbeln, neuen Wandfarben, neuen Bildern – oder auch mit neuen Hobbys und Reisezielen.

Partner/Freunde:

In diesem Zusammenhang stehen »Die Narren« für die Bereitschaft, sich und dem anderen echte Freiheit zuzugestehen. Vertrauen wir auf den natürlichen Fortgang des Lebens – wir können den Dingen freien Lauf lassen!

»Narren« machen sich und anderen das Leben bewußt einfach; sie erschweren Freundschaft nicht durch letztlich unaufrichtige Psychospiele oder -dramen.

Nicht bewußt:

Wenn es um einen selbst geht: Es besteht die Gefahr, Verantwortungslosigkeit mit Freiheit zu verwechseln, Leichtsinn mit Abenteuer, Dummheit mit Mut und Individualität.

Wenn es um andere geht: Es besteht die Gefahr, andere zu verurteilen, bloß weil sie anders sind und an andere Werte glauben.

Man ist unfähig, im eigenartigen Verhalten eines anderen Menschen noch einen Sinn zu erkennen. Man neigt dazu, andere zu verketzern.

Schlüsselworte zu den »Narren«:

Illusionen von idealer Liebe und Verantwortungslosigkeit – *oder* Verwirklichung tatsächlich unabhängiger, befreiter Liebe nach dem Motto »Es muß nicht immer Karma sein!«

22. Seelenpartnerschaft

Im *Rider-Waite-Tarot* und einigen anderen Kartenspielen gibt es eine weiße Karte, die »Carte blanche«. Sie stellt eine Antwort dar, die *nicht* durch das Tarotspiel »vorherbestimmt« wird, sondern es uns erlaubt, mit der gestellten Frage so umzugehen, wie es uns beliebt! In vielen Tarotsets gibt es allerdings keinen »Joker«, keine Extrakarte.

Im »*Tarot der Liebe*« hat Marcia Perry den Begriff der

»Synergie«, der innigen Seelenpartnerschaft besonders schön dargestellt. Die Kraniche der Seele bilden eine Kuppel, die zum Himmel weist; unter deren Schutz begegnen einander die »äußeren« Menschen – getragen von einer sich emporrichtenden Lotosblume.

Im *»Tarot der Liebe«* ist diese »Seelenpartnerschaft« die »Carte blanche«, die Blankokarte oder der »Joker«.

Wenn diese Karte fällt, sind überpersönliche, überirdische und/oder übersinnliche Faktoren mit im Spiel!

Sie finden Ihre Zwillingsseele oder Ihren Seelenpartner. Diese beiden Begriffe unterscheiden wir ganz bewußt. Die *Zwillingsseele* ist ein Mensch, mit dem Sie sich fast hundertprozentig verstehen und identifizieren können, *ohne* daß es sich auch um eine erotische Beziehung handelt. Der *Seelenpartner* ist jener Mensch, zu dem Sie sich wie magnetisch angezogen fühlen – ebenso wie er sich zu Ihnen; mit und an ihm werden Sie viele Lektionen des Lebens lernen (müssen) – oft genug leiden-schaftlich. Eine Beziehung mit einem Seelenpartner geht immer sehr tief und umfaßt sowohl erotische wie geistige Ebenen.

Das Schicksal läßt Ihnen freie Hand, sich ganz spontan zu entscheiden. Die Beziehung, um die es Ihnen jetzt geht, gleicht einem Füllhorn an Möglichkeiten.

Ihre Entscheidung, gleich wie sie ausfällt, steht unter einem guten Stern!

III
Die Kleinen Arkana

Stäbe, Scheiben, Blüten, Blitze: die vier Farben im »Tarot der Liebe« und ihre Bedeutung

Die 56 Karten der Kleinen Arkana fallen in vier Gruppen oder Farben. Die Tarotliteratur stimmt darin überein, daß diese vier Farben Vorläufer der Spielfarben Herz, Karo, Pik und Kreuz gewesen sind.

Schon bei einem kurzen Blick in verschiedene Tarotbücher werden Sie feststellen, daß es keine einheitlichen Bezeichnungen gibt. Lassen Sie sich dadurch nicht verwirren oder gar entmutigen, mit Tarot umzugehen. Fest, sicher, eindeutig und unangefochten ist in dieser Welt bekanntlich überhaupt nichts – weder Weisheitswissen noch Psychologie, weder naturwissenschaftliche Themen noch religiöse Glaubensvorstellungen. Tarot ist ein Weg unter vielen – allerdings ein Weg, der vielen Menschen mehr Spaß macht als andere Wege.

Im folgenden geben wir Ihnen aus unserer Sicht, Kenntnis und Erfahrung einen Überblick über die vier Farben. Vorweg wollen wir jedoch kurz erwähnen, welche anderen Bezeichnungen und Meinungen es dazu gibt:

- Die *Stäbe* heißen so überall im deutschen Sprachraum. (Auf englischen Karten ist zumeist von *wands, staves* oder *rods* die Rede.)
- Die *Scheiben* werden oft als *»Münzen«, »Pentakel«*

oder *»Sterne«* bezeichnet. Wir hätten sie für ein englisches Buch am liebsten *nuggets* genannt, weil sie etwas mit dem Edelsten zu tun haben, was wir aus dem Element Erde gewinnen, sind dann aber doch beim geläufigeren Begriff *Scheiben* geblieben. (Auf englischen Karten ist häufig von *pentacles* oder *coins* die Rede.)

- Die *Blüten* finden Sie in anderen Büchern und Tarotkarten vor allem als *Kelche*, manchmal auch als *Pokale* wieder. Wir sprechen lieber von Blüten, weil sie etwas naturhaft Gewachsenes und Weiches darstellen, passend zum Element Wasser. (Auf englischen Karten heißen sie *cups*.)
- Die *Blitze* heißen sonst *»Schwerter«* oder seltener auch »Degen«. *Blitze* scheinen uns besser die plötzliche, feurige, befruchtende oder zerstörende Wirkung des Elements Feuer zu symbolisieren. (Auf englischen Karten werden sie als *swords* bezeichnet, neuerdings auch als *diamonds*.)

Neue Zeiten erfordern neue Bilder und neue Symbole. Neue Energien, erweiterte Bewußtseinsebenen und veränderte Verhaltensweisen verlangen nach neuen Formen, durch welche wir uns ausdrücken und in denen wir uns wiedererkennen können.

Alles Lebendige fließt, ist in Bewegung. Alle Menschen entwickeln sich – also brauchen wir immer wieder neue Ansätze, um Gemüt, Verstand und Seele für entsprechende Impulse und geeignete Gestaltungsmöglichkeiten zu öffnen.

Die *Stäbe* sind unumstritten. Sie erinnern an einen Wanderstab, auf den man sich stützt, mit dem man im

Unterholz oder Laub herumstöbert, sich notfalls auch wehren kann oder jemandem etwas zeigt – aber auch an einen Zauberstab!

Der Begriff *Scheiben* wird nicht in allen Tarotspielen benutzt. Uns überzeugt jedoch keiner der drei üblichen Begriffe. »Münzen« ist allzu stark auf Geld fixiert, »Pentakel« eher unverständlich. *Nuggets*, das glänzende Gold in seiner Urgestalt, wie es in Mutter Erde gefunden werden kann, empfinden wir als energiegeladen und sinnvoller. Mit Gold verband und verbindet sich die Hoffnung auf ein sorgenfreies Leben, aber auch Raub, Haß und Krieg. Gold stellt ein Symbol für Glück schlechthin dar, es ist Ausdruck von Macht und Anerkennung, aber auch von Lebensfreude. Gold ist die Farbe der Sonne, es spiegelt den Glanz, die Kraft und die Wärme der Sonne wider.

Ob Amtsketten, Ringe, Armreifen und Halsbänder, Barren und Münzen aus Gold wirklich »Glück« bringen, liegt vor allem daran, ob wir der irdischen Form, der physischen Gestalt, in der sich Glück zeigen kann, verhaftet sind oder nicht. Aber auch greifbarer und sichtbarer Glanz kann glücklich machen, ist »legitim«, gehört zum ganzen menschlichen Leben. (Dies verkennen manche nur jenseitig orientierte New-Age-Anhänger, die materielles Streben allzu pauschal ablehnen.) Schließlich befaßten sich die Alchimisten nicht umsonst mit den Wandlungsprozessen unedler Metalle zum edlen Gold. Wir haben uns schweren Herzens doch entschlossen, *Scheiben* zu sagen statt *nuggets*, weil dieser Begriff vielleicht zu amerikanisch wäre. Aber golden sind und bleiben die Scheiben im *»Tarot der Liebe«* doch!

Blüten erscheinen uns – durchaus auch als Blüten-Kelche – sinnlich aussagekräftiger als Kelche oder Pokale, die bildhaft zunächst nur für ein Trinkgefäß stehen. (Natürlich wissen wir, daß manche Autoren die vier Farben auf die Gralsmythologie beziehen, derzufolge ein Kelch den mystischen Gral symbolisiert. Wir wollen mit dem *»Tarot der Liebe«* keine esoterisch-okkulte Interpretation vorlegen, sondern sehr praktische, auf die moderne Gesellschaft bezogene Anstöße geben, wie man auch ohne Vorkenntnisse oder Überzeugungen mit Gefühlen, Gedanken, Zielen und Energien in der Partnerschaft bewußter, besser und glücklicher umgehen kann.

Blüten haben oft Kelchform, sind indes nicht in ihrer Form erstarrt! Ihre Blütenblätter bleiben weich und beweglich. Sie bieten sich dem Betrachter als farbenfrohe Offenbarung einer unendlich schöpferischen Kraft dar, die lebenslustige Vielgestaltigkeit mit ungeahnter Fruchtbarkeit zu verbinden vermag.

Blitze sind besser als Schwerter oder Degen geeignet, das Blitzartige, Plötzliche auszudrücken, das sich mit der vierten Farbe der Kleinen Arkana verbindet. Schwerter sind von alters her im wesentlichen Symbole für Macht und Kampf, selten auch für die Fähigkeit, sich zu schützen. Ein Schwert wird immer schneiden! Blitze dagegen sind hochelektrische Entladungen von übermächtig angestauten Energien und geballten Spannungen. Ein Blitz entlädt immer eine Spannung, leitet sie ab. Im Blitz ist sowohl ein zerstörerisches Element – wenn man direkt getroffen wird – als auch ein plötzlich die dunkle Nacht erleuchtendes Licht; ihm verdanken wir Menschen vielleicht das erste Feuer unserer Urgeschichte!

Im *»Tarot der Liebe«* symbolisieren die Blitze unter anderem jene plötzlichen Spannungsentladungen – welche bekanntlich mit einer gewaltigen Kraftentfaltung einhergehen –, die immer entscheidend zur *Klärung einer Situation* beitragen.

Welche Elemente gehören zu welchen Farben? Man will ja in der Esoterik gern alles mit allem verbinden: Tarot mit Astrologie, Astrologie mit Numerologie, Numerologie mit der Kabbala, die Kabbala mit Tarot und so fort. Manchmal »funktioniert« das ganz gut; zu oft quält man sich aber mit zwanghaften Querverbindungen ab, nur um irgendein in sich geschlossenes System zu finden.

Sicherlich stimmt es, daß alles mit allem zusammenhängt. Aber wie? Vielleicht nicht unbedingt nur nach den Regeln analytischer, eindimensionaler Logik oder den spontanen Empfindungen vermeintlich kosmischer Botschaften und Intuitionen entsprechend. Möglicherweise gibt es *keine* direkten, linear nachvollziehbaren oder unmittelbar visionär zu schauenden Bezüge. Warum sollten wir nicht akzeptieren können, daß unser menschliches Leben in großen Teilen ein Mysterium bleibt?

»Das Leben ist kein Problem, das wir lösen müssen, sondern ein Geheimnis, das wir erleben können«, lautet eine Einsicht.

Zurück zu den vier Tarotfarben und den Elementen. Fangen wir mit dem Einfachen an:

- *Blüten*, Kelche, Pokale. Alle sind sich einig: das entspricht dem Element *Wasser* – seiner Anpassungsfähigkeit, Weichheit und lebendigen Fruchtbarkeit.
- *Stäbe:* Manchmal werden Sie lesen, Stäbe stünden für

Feuer und Schwerter für Luft. Wir halten dies für nicht nachvollziehbar. Man sehe sich die Darstellungen an: Warum sollen die leicht grünenden Holzstäbe des Rider-Waite-Tarots Feuer sein?

Feuer, das ist Kraft, Macht, zwiespältig wirksame Gewalt – zum Nutzen oder Schaden der Menschen. Entspricht dies nicht genau dem Wesen der *Blitze* oder Schwerter?

Der Stab kann zwar auch als Prügel dienen, wird jedoch zuallererst als Stütze, Anzeiger oder magischer Zauberstab gesehen und benutzt. Luft, das ist Austausch, Osmose, jenes Medium, an dem alle Menschen in derselben Weise teilhaben – was Sie ausatmen, werden wir eines Tages einatmen ...*

Kurzum: für uns entsprechen die Stäbe dem Element *Luft*.

○ *Blitze:* Aus dem zuvor Gesagten ergibt sich, daß wir Blitze und *Feuer* als zwei Ausdrucksformen einer Kraft begreifen.

○ *Scheiben*: In der Erde schürfen wir nach Gold; die Erde bringt den Abglanz der Sonne golden strahlend hervor. Für uns sind Scheiben oder Münzen (die ja auch ursprünglich den Wert des aus der Erde gewonnenen Metalls darstellten) das verdichtete Sinnbild des Elements *Erde*.

* Der bekannte und von uns sehr geschätzte Fachschriftsteller Bernd A. Mertz weist darauf hin, daß Stäbe zwar natürlich nicht Feuer entsprächen, aber auch nicht Luft, sondern Erde, weil das Holz der Stäbe aus der Erde herauswachse. Wir folgen ihm in diesem Punkt zwar nicht, möchten seinen Standpunkt aber erwähnen.

Es folgen nun Schlüsselbegriffe zum Verständnis der vier Farben, wie sie im *»Tarot der Liebe«* interpretiert werden:

Stäbe: Austausch, Luft, Energie und Ideal – Ideelle Motivation.
Chance zur Veränderung durch eigene innere Impulse – *geistig-ätherische Liebe* – pulsierende, intuitive Energie.
Nicht bewußt: verpaßte schöpferische Chancen.

Scheiben: Besitz, Erde, Energie und Struktur – Materielle Motivation.
Äußere Bereicherung – *sinnlich-derbe Liebe* – gebundene, physische Energie.
Nicht bewußt: materiell fixierte Lebensweise.

Blüten: Anpassung, Wasser, Energie und Empfindung – Emotionale Motivation.
Innere Bereicherung – *erotisch-gefühlhafte Liebe* – fließende, psychische Energie.
Nicht bewußt: sich in Emotionen verlieren.

Blitze: Kraft, Feuer, Energie und Gedanke – Mentale Motivation.
Notwendigkeit zur Veränderung durch äußere Auseinandersetzung – *sexuell-kämpferische Liebe* – polarisierende, magnetische Energie.
Nicht bewußt: mental fixierte Lebensweise.

Sie haben es sicherlich bemerkt: Wir machen einen Unterschied zwischen *Stab–Luft* = Ideelle Motivation, intuitiv-pulsierende Energie, und *Blitz–Feuer* = Mentale Motivation, polarisierende, magnetische Energie.

Die 16 Personen- oder Hofkarten: Spiegelbilder unserer gegenwärtig vorherrschenden Charakterzüge und Fähigkeiten

Wenn wir eine oder mehrere Personenkarten ziehen, sind damit entweder wir selbst gemeint oder Menschen, die in unserem Leben eine Rolle spielen. Es kann sich auch um Persönlichkeitsaspekte oder um Menschen handeln, die erst in der nahen Zukunft wichtig werden.

In jedem Fall gilt: Wenn eine Personenkarte auftaucht, lassen sich Menschen, Themen und Probleme klar identifizieren, sogar personalisieren.

Die sogenannten Hofkarten stehen zwischen den charakteristischen Individualgestalten der Großen Arkana und den Zahlenkarten der Kleinen Arkana, denen sie formal zugehören.

Königinnen und Könige, Prinzen und Prinzessinnen stellen jeweils klar personifizierte Aspekte bestimmter Charakterzüge, Fähigkeiten und Egostrategien dar. Anders als die Figuren der Großen Arkana, die oft wie ein unausweichliches Schicksal wirken, sind die Figuren der Hofkarten steuerbarer. Bei diesen Personenkarten gibt es nur menschliche Gestalten, die Verdichtungen jeweils eines Elements, eines Temperaments darstellen.

Damit sind die Hofkarten deutlich erkennbare Sinnbilder fest definierter Qualitäten und Lebenshaltungen.

Sie beziehen sich symbolisch auf die Ausrichtung, die der Fragesteller entweder anstreben möchte oder sollte – oder die er bereits verwirklicht hat und nun auslebt. Die Hofkarten zeigen Energien an, die bereits bewußt gelenkt werden.

Die Deutungen der Hofkarten lassen sich leicht nachvollziehen:

Die *Königin*	steht für die (Chance zur) Beherrschung der weiblichen Kräfte, für den Yin-Aspekt einer Beziehung, für die Mutter, die Anima.
Der *König*	steht für die (Chance zur) Beherrschung der männlichen Kräfte, für den Yang-Aspekt der Beziehung, für den Vater, den Animus.
Der *Prinz*	steht für das Bemühen, Yangkräfte zu beherrschen, zu fördern und zu verbreiten (Kommunikation); für den erwachenden Animus.
Die *Prinzessin*	steht für das Bemühen, Yinkräfte zu beherrschen, zu fördern und zu verbreiten (Kommunikation); für die erwachende Anima.

Auch die oben genannten Bezeichnungen sind nicht einheitlich. Da ist in manchen Tarotspielen die Rede von Rittern, die im Rider-Waite-Tarot unserem Prinzen entsprechen, im Crowley-Tarot aber unserem König. Man findet Pagen, Knappen oder Buben, entweder anstelle der Prinzessin oder des Prinzen. Uns hat eine Aufteilung in drei männliche Figuren (König, Ritter, Page) und eine weibliche (Königin) nicht überzeugt.

Im »*Tarot der Liebe*« gibt es gleich viele Frauen wie Männer!

Die Deutung der Hofkarten im einzelnen

KÖNIGIN DER STÄBE	– zum Beispiel SHIRLEY MACLAINE mit dem Mut, ihre eigene Wahrheit zu leben – und zu veröffentlichen!
Allgemeine Bedeutung	Eine Frau als Fragestellerin kann/soll ihre Weiblichkeit stärker akzeptieren und den ihr zustehenden inneren Thron einnehmen. Ein Mann als Fragesteller hat die Chance, bewußten Kontakt zu seinen weiblichen Energien, zur Anima, zu pflegen.
Liebe	Intuitive, lebendige Liebesfähigkeit, die zur Verwirklichung drängt, auf der Basis einer geistigen Harmonie. Eine entscheidende Frau tritt in unser Leben.
Familie	Die Urkräfte der Urmutter finden in einer dominanten Frau mit Führungsfähigkeiten einen weltlichen Ausdruck.
Partner/Freunde	Die innerlich unabhängige Frau ist ebenbürtige, komplementär ergänzende Partnerin und Freundin.
Nicht bewußt	Verdrängung der eigenen Weib-

lichkeit und der Chance, durch das weibliche Prinzip intuitiv geführt zu werden.

KÖNIG DER STÄBE – zum Beispiel HERBERT VON KARAJAN, der mit dem Taktstock als Zauberstab zu einem Souverän der Musikpräsentation wurde.

Allgemeine Bedeutung Inspiration durch Ideen und schöpferische Projektionen sowie die Aufgabe, sie konkret umzusetzen. Frauen als Fragesteller sollten ihre bereits vorhandenen Fähigkeiten noch kraftvoller nach außen tragen.

Liebe Die männliche Yang-Kraft kann die Liebe auf ein Ziel ausrichten, welches beiden Partnern als Antrieb dient.
Wir begegnen einem für uns wesentlichen Mann.

Familie Der Patriarch, der seine Autorität aus geistiger Überlegenheit ableitet; auch der verständnisvolle Vater.

Partner/Freunde Hilfestellung durch einen reifen Mann oder ausgereifte Konzepte und Pläne.

Nicht bewußt Gute Ideen und Absichten werden nicht verwirklicht; Kräfte verpuffen ins Leere; Hilfen werden nicht erkannt, weil man mit männlicher Autorität Probleme hat.

Prinz der Stäbe – zum Beispiel John F. Kennedy, der durch seine jugendlich wirkende Persönlichkeit und frisch vorgetragenen Ideale eine ganze Generation begeisterte.

Allgemeine Bedeutung Jugendlicher Elan beim Einsatz für Ideen mit jugendlichem Elan; Fähigkeit zu intelligenter, rascher Kommunikation.

Liebe Bei einer Frau als Fragestellerin steht der Prinz für den Wunsch, selbständiger zu sein; möglicherweise auch für den Wunsch nach einem Mann, welcher der Liebe neue Flügel schenken kann.
Bei einem Mann als Fragesteller: Wunsch oder Fähigkeit, jugendlichen Charme zu versprühen.

Familie Auch noch nicht ausgereifte Vorschläge sollten Beachtung finden. Eventuell männlicher Nachwuchs, ein Wunschprinz.

Partner/Freunde Brainstorming, eine gute Zeit für kreativen Gedankenaustausch.

Nicht bewußt Man strebt nach stärkerer Beachtung seitens der Außenwelt; eventuell Auseinandersetzungen über gegensätzliche Meinungen und Weltanschauungen.

PRINZESSIN DER STÄBE	– zum Beispiel STEFFI GRAF, die Nummer 1 im Welttennis. Sie hat ihr Ziel mit Schwung und Konzentration verfolgt, dabei an Anmut gewonnen. Der Tennisschläger ist ihr Zauberstab.
Allgemeine Bedeutung	Die unbeschwerte Quirligkeit eines Teenagers, der seine Identität entdeckt und erleben will.
Liebe	Erste schüchterne Verliebtheit, die noch ohne Eigeninitiative bleibt. Platonische Liebe? Möglicherweise tritt eine junge Frau in unser Leben.
Familie	Hier braucht jemand stillschweigend geistige Unterstützung, auch wenn noch unklar sein sollte, was er will.
Partner/Freunde	Alle Gedanken und Pläne sind förderlich, die wieder mehr Lebensfreude verheißen.
Nicht bewußt	Man dreht sich im Kreis und ist in eigenen irrealen Erwartungen gefangen, die einem oft sogar selbst unklar bleiben.
KÖNIGIN DER SCHEIBEN	– zum Beispiel ELISABETH II. von England, wenn man nur an Reichtum und Stellung denkt. Die mythologische Erd- und Urmutter ist als reichlich gebende Herrscherin dieser Planeten Ahnfrau aller Königinnen der Scheiben.

Allgemeine Bedeutung: Die Gabe, mit Besitz und Strukturen einträglich, sinnvoll und menschlich umzugehen. Innerer und äußerer Reichtum.

Liebe: Resolut zupackende, sinnliche Liebesfähigkeit; eine natürliche Einstellung zu Sexualität, ohne falsche Scham.

Familie: Umsichtig beschützender Familiensinn; gemütliches Heim.

Partner/Freunde: Warmherzige Vorsorge für das Wohlbefinden anderer.

Nicht bewußt: Erdrückende Bemutterungsinstinkte; Wertschätzungen sind nur von materiellen Gesichtspunkten bestimmt.

König der Scheiben – zum Beispiel der Sultan von Brunei, der angeblich reichste Mann der Welt und Herrscher über einen kleinen Ölstaat im Pazifikbecken; vielleicht auch Kaiser Karl V., in dessen Land die Sonne nie unterging, weil seine Besitzungen von Europa bis nach Südamerika reichten.

Allgemeine Bedeutung: Sicherheit, die auf Tradition und Eigentum beruht; Zuverlässigkeit; Großzügigkeit; Talent, über und mit Besitz zu herrschen.

Liebe: Souveräne Liebeslust und -gaben; Genußmensch.

Familie	Patriarch, der auf das Wohlergehen seiner Lieben achtet; gesellschaftliche Anerkennung.
Partner/Freunde	Gute Voraussetzungen für ein finanziell gesichertes Vorhaben; realistische Lebenshaltung.
Nicht bewußt	Streben, über materielle Faktoren anderer zu dominieren; Geiz; geistige Erstarrung durch nur erdgebunden-physische Lebensweise.
PRINZ DER SCHEIBEN	– zum Beispiel DONALD TRUMP, der Immobilien-Tycoon von New York, Besitzer des legendären Trump-Towers und Namensgeber seines von einem Ghostwriter niedergeschriebenen Bestsellers *»The Art of the Deal«* (= »Die Kunst des Geschäftemachens«).
Allgemeine Bedeutung	Unbändiger Ehrgeiz, durch sichtbaren Besitz Selbstwertgefühl und individuelle Identität zu erlangen sowie Macht auszuüben.
Liebe	Eine Entscheidung steht bevor, ob man eher äußeren oder inneren Werten den Vorrang einräumt. Für eine Frau als Fragestellerin: eventuell Aussicht auf eine sogenannte »gute Partie«.
Familie	Tatkräftige Hilfe, zum Lebens-

unterhalt schon in jungen Jahren beizutragen.

Partner/Freunde Chance für große gemeinsame finanzielle Erfolge.

Nicht bewußt Spirituelle Verarmung; Ellenbogenmentalität; riskante Geschäfte; über seine Verhältnisse leben.

PRINZESSIN DER SCHEIBEN – zum Beispiel GLORIA VON THURN UND TAXIS, die mit immer neuen Eskapaden und Extravaganzen wie ein Paradiesvogel unter Amseln für (einträgliches) Aufsehen im grauen Alltag der Regenbogenpresse sorgt.

Allgemeine Bedeutung Die Verheißung irdischen Glücks in jeder Beziehung.

Liebe Wie schön, wenn sich Sinnlichkeit mit Lebensfreude, Jugend und gesundem Streben nach Wohlstand paart; Sehnsucht nach Abenteuer.

Familie Junges Mutterglück; Streben nach Komfort.

Partner/Freunde Fortuna lacht ganz unverhofft.

Nicht bewußt Hang zur Verschwendungssucht; eventuell Seitensprung oder Langeweile in der Partnerschaft; auch Enttäuschtwerden durch mangelnde Qualitäten des Partners.

Königin der Blüten – zum Beispiel Sophia Loren und Brigitte Bardot. Beide Frauen haben eine ganze Filmepoche und das Frauenbild von Männern und Frauen geprägt. Sie sind leidenschaftlich, warmherzig, einfühlsam und gleichzeitig selbstbewußt. Auch die Romanzenschriftstellerin Barbara Cartland gehört zu den Blütenköniginnen.

Allgemeine Bedeutung Leben aus dem Gefühl heraus, vom Herzen her.

Liebe Wenn ein Mann diese Karte zieht, braucht oder ersehnt er eine Vollblutfrau. Wenn diese Karte bei einer Frau fällt, so kann (oder sollte) diese Frau ihre ganze Weiblichkeit erotisch-gefühlsbetont ausleben.

Familie Ein gefühlvoller Mensch, der offenherzig geben und nehmen kann; liebevolle Atmosphäre.

Partner/Freunde Hilfe durch Medialität, vielleicht auch durch eine mediale Frau.

Nicht bewußt Die Identität zerfließt, weil zu viel unkritisch auf- und übernommen wird; übermäßiges »Gluckenbewußtsein«.

König der Blüten – zum Beispiel Julio Iglesias oder Valentino Liberace. Ein Blütenkönig gebietet über die

	Herzen der Frauen, ohne sie zu brechen! Beiden Männern liegen und lagen auch im fortgeschritteneren Alter Frauen zu Füßen.
Allgemeine Bedeutung	Ambitionierte Darstellung von Gefühlen; sensibler Umgang mit Menschen.
Liebe	Für die Frau die Erfüllung geheimer Liebeswünsche; für den Mann seine vielleicht schönsten Eigenschaften.
Familie	Der liebevolle, gütige Vater, der auch seine weichen Seiten nicht verheimlichen muß.
Partner/Freunde	Musische, künstlerische Neigungen und Fähigkeiten; ein Mäzen.
Nicht bewußt	Entweder »ohne Rückgrat« – oder ein kühles, hartherziges Sich-Verschließen vor Gefühlen.

PRINZ DER BLÜTEN – zum Beispiel die mittelalterlichen Minnesänger oder der legendäre CASANOVA: Boten der Liebe, welche Sehnsüchte nicht nur zu besingen oder zu wecken, sondern auch zu stillen wissen. Casanova war bekanntlich nicht der verantwortungslose Herzensbrecher, zu dem ihn eine bürgerlich-sauertöpfische Moral stempeln wollte, sondern ein aufrichtiger Liebhaber von Welt, der sich auch nach seinen Affären um das Wohlergehen seiner Liebhaberinnen kümmerte.

Allgemeine Bedeutung
Ahnung und Versprechen aufblühender Liebe.

Liebe
Wenn eine Frau diese Karte zieht, so deutet sie auf einen jüngeren Mann, vielleicht auf eine romantische Liebschaft hin. Ein Mann, der diese Karte bekommt, kann oder sollte seinen romantischen Anlagen mehr Raum geben.

Familie
Ungewöhnliches Talent bei einem (männlichen?) Familienmitglied, das noch seinen geeigneten Ausdruck sucht.

Partner/Freunde
Fähigkeit, die Gefühle des anderen aufzunehmen und sich auf sie einzustellen.

Nicht bewußt
Mißbrauchter Charme; absichtlich Menschen über Gefühle im unklaren lassen oder mit Gefühlen spielen; möglicherweise Angst, Unwillen oder Unfähigkeit zur Bindung.

PRINZESSIN DER BLÜTEN
– zum Beispiel Schneewittchen, Dornröschen oder auch die Prinzessin auf der Erbse. Hochsensibel leben sie in einer Märchenwelt der Gefühle und war-

ten auf den erlösenden Traumkuß des Prinzen.

Allgemeine Bedeutung Zarte Empfindungen, poetisches Lebensgefühl.

Liebe Erstes erotisches Liebesglück, erste Erfüllung. Bedürfnis nach Zärtlichkeit. Wunsch, früheres Glück wiederaufleben zu lassen.

Familie Langgehegte Träume oder Wünsche können – getragen von harmonischen Schwingungen – Wirklichkeit werden. Gemeinsame Glücksgefühle. Eventuell weiblicher Nachwuchs.

Partner/Freunde Beschwingte Energien einer jungen Weiblichkeit perlen wie Champagner im Glas und beleben die Partner mit neuer Kreativität.

Nicht bewußt Versuch, etwas festzuhalten, was vergangen ist; sich selbst schwächer und passiver darstellen, als man ist, um andere zu manipulieren; Überempfindlichkeit.

KÖNIGIN DER BLITZE – zum Beispiel INDIRA GANDHI, die ermordete langjährige Premierministerin Indiens, die ihr Land so sicher zu beherrschen schien, wie die Hindu-Göttin Durga auf dem Tiger reitet; anders als die Göttin fiel sie jedoch eines Tages ihrem Machtanspruch zum Opfer.

Allgemeine Bedeutung Heftig fordernde weibliche Intelligenz; plötzliche Ereignisse, die mit Frauen zu tun haben.

Liebe Kämpferische Liebe, die auch einer Polarisierung nicht aus dem Wege geht. Männer zucken vor solchen Frauen noch oft zurück; Frauen erschrecken noch oft, wenn sie diese Energie in sich entdecken. Lust an offener Sexualität. Begegnung mit einer rassigen, selbstbewußten Frau.

Familie Die Frau meldet (legitime) Ansprüche an; sie zwingen zur mentalen Auseinandersetzung und Veränderung.

Partner/Freunde Überwältigende Anziehungs- und Durchsetzungsfähigkeit durch Mut oder gleichsam magnetische Kräfte.

Nicht bewußt Furie; rechthaberische Auseinandersetzungen; Gefühlskälte; Raffinesse.

KÖNIG DER BLITZE – zum Beispiel WILHELM REICH, der revolutionäre Forscher und Psychologe. Er war dem Ursprung aller Lebenskräfte auf der Spur; von der Sexualität bis zum Prana oder Od. Er experimentierte mit Radioaktivität und Regenmacherei. Bis in den Tod wurde er verfolgt, verklagt und als geistiger Umstürzler gebrandmarkt, weil seine Erfolge das etablierte Weltbild zu bedrohen schienen.

Allgemeine Bedeutung Furiose Kraft bei der Entwicklung mentaler Entwürfe und Systeme; plötzliche Ereignisse, die mit einem Mann zusammenhängen.

Liebe Stürmischer Sexualdrang und Experimentierfreude, möglicherweise auch die Sehnsucht danach.

Familie Einflüsse nach der Devise »Hart, aber gerecht«; große Einsatzbereitschaft zum Wohl der Familie.

Partner/Freunde Gemeinsame Gedanken können energisch durchgesetzt werden.

Nicht bewußt Verletzende Verhaltensweisen, womöglich ohne deren Wirkungen überhaupt wahrzunehmen; Lieblosigkeit.

PRINZ DER BLITZE – zum Beispiel MICHAEL JACKSON, der mit herausfordernden Texten und Anstoß erregenden Auftritten in Musikvideos und auf der Bühne den Trend eines bestimmten Zeitgeistes genau trifft. Er hat Erfolg mit bewußten Provokationen.

Allgemeine Bedeutung
Aufbruchstimmung – »Was kostet die Welt?« Überschießende Energien suchen sich entsprechende Einsatzfelder; auch ungewöhnlicher Elan im Eintreten für etwas, im Verbreiten von Überzeugungen.

Liebe
Unbekümmert ausgelebter Liebestrieb. Ein ungewöhnlich anziehender Mann.

Familie
Aufregung, Herausforderung durch eigenwillige Aktionen.

Partner/Freunde
Belebende Impulse aus ungeahnten Quellen.

Nicht bewußt
Kräfte werden vergeudet; oberflächlicher Aktionismus; anarchische Antihaltungen.

PRINZESSIN DER BLITZE
– zum Beispiel JANE FONDA. Vom umschwärmten Barbarella-Filmstern voll sprühender Erotik über die engagierte Anti-Kriegspropagandistin bis zur erfolgreichen Vertreterin einer Fitneßwelle reichte das Spektrum ihrer Interessen und Fähigkeiten – die sie immer weiterentwikkelt.

Allgemeine Bedeutung
Man wird leicht durch rational begründbare Gedanken zur Aktion motiviert; überraschende Wendungen im Denken, Sprechen und Handeln, die überzeugend erklärt werden können.

Liebe	Faszination durch sexuelle Vorstellungen; erstes Erleben weiblichen Liebesfeuers oder der Wunsch danach. Amazonen und Walküren, die Kampfjungfrauen des griechischen und germanischen Altertums gehören zu dieser Karte, wie generell temperamentvolle (jüngere) Frauen.
Familie	Belebender Einfluß durch ungeschminkte Natürlichkeit im Ausdruck; neue Lebensfreude durch spritzige, unvermittelte Aktionen.
Partner/Freunde	Unvermutete Einfälle; Begeisterungsfähigkeit.
Nicht bewußt	Unreflektierter Widerspruch; Sprunghaftigkeit.

Die 40 Zahlenkarten: Spiegelbilder von vorübergehenden Gemütsverfassungen und Einflüssen von außen

Symbolische Bedeutung der Zahlen von 1 (As) bis 10

Um ein Tarot mit System einzuführen, so daß jeder Leser es nachvollziehen und selbst anwenden kann, müssen immer wieder die Grundlagen von Deutungen erläutert werden. Deshalb ist es notwendig, wenigstens kurz auf die Bedeutung der Zahlen von 1 bis 10 einzugehen.

Haben Sie schon einmal die Kurzinterpretationen kritisch durchgesehen, die den gängigen Tarotkartenpacks beigelegt sind, oder die Auslegungsvorschläge diverser Tarotbücher durchgeblättert? Dann haben Sie festgestellt, daß aus irgendeinem unerfindlichen Grunde zum Beispiel die 5, gleich welcher Farbe, fast immer angeblich negativ ist. Das Crowley-Tarot setzt beispielsweise gleich: Kelche 5 = Enttäuschung; Schwerter 5 = Niederlage ; Scheiben 5 = Quälerei. Und das Rider-Waite-Tarot deutet: Schwerter 5 = Erniedrigung; Pentakel 5 = Mittellosigkeit; Kelche 5 = Verlust. Die Beispiele beziehen sich übrigens *nicht* auf eine Deutung für den Fall, daß die Karte verkehrtherum liegt oder so gezogen wird!

Häufig wird auch die 10 negativ gedeutet – so etwa Stäbe 10 = Unterdrückung, Schwerter 10 = Untergang –, mit der Begründung, daß »hier alle Energie endet« (Crowley-Tarot). Energie endet aber natürlich nie, und die 10 ist die 1 auf einer höheren Oktave.

Es gibt keine an sich negative Karte, genausowenig wie es eine an sich negative Zahl gibt. Wieso soll die 5 »schlechter« sein als andere Zahlen? Wieso sollen etwa die fünf Glieder einer Hand, die 5 Elemente (Erde, Wasser, Feuer, Luft und das Element des Menschen, Äther), die fünf Sinne, die fünf mit bloßem Auge erkennbaren Planeten (Merkur, Venus, Mars, Jupiter, Saturn) immer mit Sorgen, Kummer, bösen Vorahnungen und dergleichen verbunden sein?

Und auch die Darstellungen, sofern sie nicht nur einfach fünf Stäbe, fünf Kelche, fünf Schwerter oder fünf Münzen zeigen, sind ganz subjektive, letztlich willkürliche Abbildungen ganz persönlicher Gemütsbewegungen – wie das *»Tarot der Liebe«* selbstverständlich auch. Sie besitzen keine höhere Autorität oder größere Kompetenz als irgendeine andere bildgewordene Sichtweise.

Deshalb gehen wir im *»Tarot der Liebe«* nicht von traditionellen, nicht nachvollziehbar begründeten Interpretationen oder düster-negativen Weltsichten und einer ängstlichen Lebenseinstellung aus. Wir bieten Ihnen einen Zugang zu Tarot, der in sich selbst stimmig, offen, von jedermann zu erfassen und auf den jeweiligen Fragesteller und sein Anliegen abzustimmen ist – und dabei *stets* eine positive, also lebensbejahende und konstruktive Lebenssicht vermittelt.

Genausowenig, wie wir Nahrung zu uns nehmen, die uns nicht schmeckt oder schadet, sollten wir von außen Gefühle oder Gedanken aufnehmen, die keine positive Grundlage haben.

Schlüsselbegriffe zu den Zahlen im *»Tarot der Liebe«* sind:

1: Neubeginn, Aufbruch, Primärenergie
2: Begegnung, Yin-Yang, Polarität
3: schöpferischer Aufbau, konstruktive Kreativität
4: Formgebung, Sicherung, Kraft
5: Vermittlung, Kommunikation, Entscheidung, Neuorientierung
6: Harmonie, Lebensfreude, Sensibilität
7: Umbruch, Notwendigkeit zur Neuorientierung und Veränderung
8: Fülle, Überfluß, lebendiger Energiefluß
9: Abschluß, Vollendung, Ablösung, Meditation

10: Durchbruch, Fortführung auf höherer Ebene, Selbstbestimmung.

Vielleicht finden Sie weitere Schlüsselbegriffe zu den Zahlen. Damit können Sie dann so umgehen, wie es Ihnen intuitiv richtig erscheint.

Bei der Tarotdeutung bestätigt sich immer wieder die Erfahrung, daß es eine Abstufung in der »Wichtigkeit« der Karten gibt, in der »Relevanz« für die Interpretation. Welche Abstufung die angemessenste ist, werden Sie im Laufe der Zeit selbst herausfinden, je länger Sie mit Tarot umgehen.

Als Anhaltspunkt zur Erinnerung:

- Die *22 Karten der Großen Arkana* gelten als besonders bedeutungsvoll für die transzendenten Energien, die oft noch nicht bewußten Prägungen und die fundamentale Persönlichkeitsstruktur eines Menschen. Es handelt sich im wesentlichen um innere, archetypische Kräfte, die unser Leben bestimmen. Alle diese Kräfte sind potentiell in jedem Menschen vorhanden.
- Die *16 Personen- oder Hofkarten* stehen für zur Zeit vorherrschende Charakterzüge und Fähigkeiten, die bereits verwirklicht sind. Sie zeigen auch bewußt erlebte Ich-Wünsche und Ego-Strategien an, die angestrebt oder bereits eingesetzt werden.
- Die *40 Zahlenkarten* weisen auf vorübergehende Gemütsverfassungen und Stimmungslagen oder von außen wirkende Einflüsse hin, die von begrenzter Dauer sind.

Einprägsame Kurzdeutungen zu allen 40 Zahlenkarten finden Sie auf den folgenden Seiten.

Die Deutung der Zahlenkarten im einzelnen

STÄBE:

AS:	*Allgemein*	Manifestation neuer Ideen und Ideale; Chance tiefer geistiger Übereinstimmung.
	Liebe	Intuitive Übereinstimmung der Schwingungsfrequenz; Seelenpartnerschaft, geistige Liebe; eine Idee verbindet; schöpferische Liebe.
	Familie	Ein neuer, gemeinsamer geistiger Mittelpunkt.
	Partner/Freunde	Erkennen gleicher Ideale.
	Nicht bewußt	Stillstand der Kommunikation.
2:	*Allgemein*	Erfahrungen durch geistige Begegnungen sammeln; Chance, männliche und weibliche Qualitäten bewußt in sich selbst zu entwickeln durch Gemeinschaft mit anderen.
	Liebe	Chance, das Wechselspiel von Yin und Yang in der Begegnung mit dem anderen Geschlecht zu erkennen.

	Familie	Impuls, mit Familienmitgliedern auch einzeln und direkt zu kommunizieren.
	Partner/Freunde	Gelegenheit, gemeinsam angestrebte Ziele zu verwirklichen.
	Nicht bewußt	Gefahr, sich in der Partnerschaft zu blockieren, indem man eigene negative Schwingungen auf andere projiziert und sich an das so entstandene Zerr- und Spiegelbild klammert.
3:	*Allgemein*	Entwicklung schöpferischer Ideen und Ideale, konkrete Ausarbeitung kreativer Pläne.
	Liebe	Gemeinsame Pläne schmieden; eventuell Kinderwunsch.
	Familie	Fähigkeit und Bereitschaft zu konstruktiver Zusammenarbeit.
	Partner/Freunde	Ein gemeinsames Ziel anstreben.
	Nicht bewußt	Die Chance nicht erkennen oder verpassen, schöpferischen Impulsen Ausdruck zu verleihen (oder zumindest die entsprechende Gefahr).
4:	*Allgemein*	Umsetzung von Ideen, Ausführung von Plänen.
	Liebe	Kraftvolle Umsetzung gemeinsamer Absichten.

Familie	Zusammenhalt der Kleingruppe durch Formulierung gemeinsamer Werte und Ziele im Zusammenleben.
Partner/Freunde	Klar bestimmtes Zusammenwirken für die Ziele der Beziehung.
Nicht bewußt	Der kraftvolle Wunsch nach Formgebung und Sicherung wird neurotisch übersteigert – und kann zur Einengung und Erstarrung des Bewußtseins, zu gedanklichen Zwangsjakken und fixen Ideen führen.
5: *Allgemein*	Offenheit für und Kommunikation über neue Ideen und Ideale.
Liebe	Geistiger Austausch über die Beziehung, neue Sicht und Neubewertung der Gemeinsamkeiten.
Familie	Neue Perspektiven für das Zusammenleben.
Partner/Freunde	Chance, Pläne zu verändern.
Nicht bewußt	Verworrenheit in der Beziehung, weil man von zu vielen verschiedenen gedanklichen Impulsen überflutet wird; Entscheidungsschwäche; das sprichwörtliche Fähnchen, das sich nach dem Winde dreht.

6:	*Allgemein*	Harmonische geistige Schwingungen, spirituell begründete Lebensfreude.
	Liebe	Flexible Festigkeit in der Beziehung, Inspiration und Sensibilität, privates Glück.
	Familie	Gleichklang im Zusammenspiel der Ideale.
	Partner/Freunde	Verwirklichte Ideen und Pläne tragen Früchte.
	Nicht bewußt	Verschlossenheit für bereits vorhandene harmonische Schwingungen und Energien, die sich nutzen ließen; man verpaßt den Zug ins Glück.
7:	*Allgemein*	Zweifel an Werten oder am Lebensweg; Notwendigkeit, die eigene Sicht zu prüfen und zu erweitern; möglicherweise geht man (eine Zeitlang) getrennte Wege.
	Liebe	Scheinbar durch äußere Einflüsse müssen die geistigen Grundlagen und der jeweils selbständige Ausdruck in der Beziehung neu bestimmt oder vertieft werden; Chance oder »Zwang« zum Umbruch.
	Familie	Notwendigkeit, die Individualität jedes Familienmitgliedes anzuerkennen und ihm Freiraum zu gewähren.

Partner/Freunde Halt und Mitte müssen in sich selbst, nicht im anderen gesucht werden.

Nicht bewußt Es kommt zu Krisen: sei es durch Trennung (oder die Absicht dazu), durch scheinbar unvorhersehbare Gefährdungen der gemeinsamen Ideale oder andere Erschütterungen der Beziehung.

8: *Allgemein* Sicheinlassen auf kosmische Visionen idealen Lebens, die auch irdischen Reichtum bewirken können.

Liebe Lebendige Freude an geistiger Liebe; Hochstimmung, überschwengliches Glück.

Familie Gesegnetes Familienglück.

Partner/Freunde Harmonie, deren Schwingung andere Menschen fördern kann.

Nicht bewußt Ungestillte Sehnsucht nach geistiger Erfüllung.

9: *Allgemein* Erkennen größerer Zusammenhänge; geistige Besinnung und Wandlung.

Liebe Chance, alte, einengende Verhaltensmuster zu erkennen und abzulegen; innere Werte schätzenlernen; gemeinsame Ziele erreichen.

	Familie	Ablösung und Befreiung von überholten Strukturen und Rollenspielen.
	Partner/Freunde	Konsequenter Abschluß von Plänen; Abschied von einer erstarrten Form der Beziehung.
	Nicht bewußt	Ablösungen und Beendigungen werden scheinbar von außen, von den »Umständen« aufgezwungen; man hadert mit seinem Schicksal.
10:	*Allgemein*	Durchbruch zu höheren Bewußtseinsdimensionen, die neue Ideale erkennen lassen.
	Liebe	Möglichkeit, Ideen und geistige Ideale gemeinsam zu verwirklichen; intuitive Kommunikation zwischen den Partnern.
	Familie	Neue Sicht der schicksalhaften (karmischen) Beziehungen in der Familie; Fähigkeit und Bereitschaft, der Familie einen neuen Sinn zu geben.
	Partner/Freunde	Neue Herausforderung und neue Ziele.
	Nicht bewußt	Verpaßte Gelegenheit, auf höherer Ebene neue Aspekte der Partnerschaft zu verwirklichen.

Scheiben

AS:	*Allgemein*	Manifestation physischer Energien; stabile materielle Grundlage für gemeinsame Vorhaben.
	Liebe	Übereinstimmung der physischen, weltlichen Interessen; Impuls zu sinnlicher Liebe; ein gemeinsames Projekt verbindet zu neuem Tun.
	Familie	Ein neues irdisches Ziel für alle (zum Beispiel Wohnung, Urlaubsreise).
	Partner/Freunde	Chance, einen einträglichen Plan zu erarbeiten und zu verwirklichen.
	Nicht bewußt	Versäumnis, ein- oder erstmalige Gelegenheiten zu erkennen und zu nutzen, sich eine neue materielle Basis zu schaffen.
2:	*Allgemein*	Gegenüberstellung zweier unterschiedlicher materieller Interessen; Aufforderung, über materielle Grundlagen zu entscheiden.
	Liebe	Notwendigkeit, die physischen Bedürfnisse sowohl der weiblichen als auch der männlichen Seite anzuerkennen und ihnen gerecht zu werden (zum Beispiel Arbeitsplatz *und* ge-

		mütliches Heim); »handfeste« Liebe.
	Familie	Herausforderung, sich gemeinsam über Geld und Besitz klarzuwerden.
	Partner/Freunde	Unterschiedliche Auffasssungen über irdische Werte führen zu Klärungsprozessen.
	Nicht bewußt	Streit, vielleicht sogar Trennung, wegen materieller Werte, wegen Geld, Besitz und Habe.
3:	*Allgemein*	Schöpferischer Umgang mit materiellen Energien; Pläne können Form gewinnen.
	Liebe	Aufbau eines neuen Lebensfundaments; gezielter Einsatz kreativer Energien.
	Familie	Schwangerschaft, Geburt; neue Ansätze des Zusammenlebens.
	Partner/Freunde	Erfolgschancen für ein gemeinsames Projekt.
	Nicht bewußt	Mangel an Bereitschaft, Chancen zur bewußten Gestaltung irdischer Lebensverhältnisse wahrzunehmen.
4:	*Allgemein*	Festigung und Absicherung von Einkommens- und Besitzverhältnissen; Bemühung um Komfort.
	Liebe	Stabile Beziehung.

	Familie	Festgelegte Strukturen, Funktionen und Rollenspiele.
	Partner/Freunde	Starker Zusammenhalt; geschäftlicher Erfolg.
	Nicht bewußt	Fixierung auf materielle Werte; Geiz; die Beziehung erstarrt, weil Besitzinteressen vorherrschen.
5:	*Allgemein*	Chance, eine neue Einstellung zu physischen Energien und irdischer Sicherheit zu gewinnen; Vielzahl neuer Möglichkeiten.
	Liebe	Veränderungen der materiellen Basis der Beziehung stehen an.
	Familie	Jeder kann sich einen eigenen Weg der äußeren Absicherung und Bereicherung suchen.
	Partner/Freunde	Anstöße, eine neue Ebene des Zusammenwirkens zu finden; neue Angebote.
	Nicht bewußt	Sorge um die Sicherung der Lebensgrundlagen; Angst vor Armut; Entscheidungsschwäche.
6:	*Allgemein*	Erfolg in weltlichen Angelegenheiten; harmonischer Umgang mit weltlichen Kräften.
	Liebe	Sinnenfrohe, liebestrunkene Partnerschaft; äußerer Erfolg

und innere Erfüllung können ins Gleichgewicht kommen.

Familie Heitere Gelassenheit vor dem Hintergrund stabiler finanzieller Verhältnisse; Glück im Spiel.

Partner/Freunde In gelöster Atmosphäre können materielle Vorteile erzielt werden.

Nicht bewußt Gefahr, bei Erfolg oder Harmonie träge zu werden.

7: *Allgemein* Zweifel an der Dauerhaftigkeit und dem Sinn der physischen Existenz und der materiellen Werte.

Liebe Beide Partner sehen sich gezwungen, zunächst ihre eigenen Bedürfnisse zu erkennen und auszuleben.

Familie Die Familienmitglieder werden durch äußere Umstände gedrängt, nach individuellen neuen Wegen zu suchen, ihre Existenz zu sichern.

Partner/Freunde Zweifel an der Beständigkeit gemeinsamer Ziele; Erfolge werden in Frage gestellt.

Nicht bewußt Angst zu versagen; die irdischen Grundfesten der Beziehung scheinen ernsthaft gefährdet; wenn man sich der Auseinandersetzung über die

		weltlichen Lebensgrundlagen und dem Erfordernis, diese zu verändern, nicht stellt, kann es später zu heftigen Umbrüchen im Leben kommen; eventuell Trennung wegen weltlicher Angelegenheiten.
8:	*Allgemein*	Harmonische physische Energien stehen im Überfluß zur Verfügung; geordnete Fülle.
	Liebe	In der Beziehung »stimmt es« in physisch-sinnlicher Hinsicht; eine Glückssträhne kann zu Reichtum führen; gemeinsamer Erfolg; Luxus.
	Familie	Familienglück durch geordnete Verhältnisse, in denen »Milch und Honig fließen«.
	Partner/Freunde	Stetige geschäftliche Expansion möglich; frohe Anteilnahme am Erfolg des anderen.
	Nicht bewußt	Mißbrauch oder Verschwendung irdischer Resourcen.
9:	*Allgemein*	Abschluß weltlicher Vorhaben; Ablösung von nur materiell bestimmten Lebenseinstellungen.
	Liebe	Erreichen gemeinsamer irdischer Ziele; Nachdenken über körperliche und finanzielle Abhängigkeiten.

	Familie	Wachsende Unabhängigkeit auf der weltlichen Ebene.
	Partner/Freunde	Chance, sich bei der Ablösung von materiellen Verhaftungen freundschaftlich zu unterstützen.
	Nicht bewußt	Verharren in Erinnerungen an frühere Freuden und Erfolge; man trauert vergangenem Glück nach.
10:	*Allgemein*	Selbstbestimmung der weltlichen Lebensgrundlagen; aus dem »Nichts« formen sich neue materielle Strukturen.
	Liebe	In der Beziehung kommt es zu einem Durchbruch zu neuen Lebenszielen und neuen Möglichkeiten, irdische Bedürfnisse zu erfüllen.
	Familie	Man hat die weltlichen Funktionen durchschaut und kann neue Gemeinsamkeiten entwickeln.
	Partner/Freunde	Herausforderung, die Partnerschaft und die Umwelt bewußt selbst zu formen.
	Nicht bewußt	Fortführung überholter materieller Rollenspiele; schicksalhafte Bindung an nicht überwundene irdische Sehnsüchte.

Blüten

AS:	*Allgemein*	Reiches Gefühlsleben; Erfahrung neuer Ebenen und Ausdrucksformen von Gefühlen; emotionaler Neubeginn.
	Liebe	Wunsch nach erotischer Liebe, auch die Fähigkeit dazu; Vereinigung; Fruchtbarkeit.
	Familie	Gefühlsmäßige Ausrichtung auf Harmonie in der Gemeinschaft.
	Partner/Freunde	Übereinstimmung im Empfinden dient als Basis für die Freundschaft.
	Nicht bewußt	Unklare oder unrealistische Wunschvorstellungen gaukeln Gefühlseinigkeit nur vor.
2:	*Allgemein*	Intensiver, positiver Gefühlsaustausch.
	Liebe	Verliebtheit; Energiefluß; erotischer Sturm und Drang.
	Familie	Liebenswürdiger Umgang miteinander.
	Partner/Freunde	Eine neue Begegnung fasziniert.
	Nicht bewußt	Man ist zu verhärtet, um Partner und Freunde immer wieder frisch zu erleben; man verschließt sich neuen emotionalen Dimensionen.

3:	*Allgemein*	Gleichklang der Gefühle kann in schöpferische Lebenspraxis umgesetzt werden.
	Liebe	Schwangerschaft, Geburt; ungezwungene, selbstverständliche Harmonie in der Beziehung.
	Familie	Erfüllte Zeit des Wohlwollens.
	Partner/Freunde	Dritte lassen sich für ein gemeinsames Vorhaben begeistern.
	Nicht bewußt	Eindruck, im Leben vermeintlich benachteiligt zu sein.
4:	*Allgemein*	Sich der Gefühle anderer Menschen vergewissern; Gefühlen klaren Ausdruck verleihen.
	Liebe	Gefühle in der Partnerschaft finden ihre Form (zum Beispiel eine Ehe); Aufbau einer Lebensgemeinschaft auf gleichgerichteten Empfindungen.
	Familie	Stabile Ordnung durch Gleichklang auf der emotionalen Ebene.
	Partner/Freunde	Gefühlskräfte der Partnerschaft können schöpferisch genutzt werden (zum Beispiel künstlerisch).
	Nicht bewußt	Von vornherein zum Scheitern verurteilte Versuche, Gefühle zu verewigen oder sich an Bin-

		dungen festzuhalten, führen zu Ent-täuschungen, Schmerzen und eventuell zu Trennung; Projektion von Schuldgefühlen.
5:	*Allgemein*	Wahrnehmung einer verwirrenden Vielfalt von Gefühlen, emotionalen Reaktionen und Verhaltensmustern.
	Liebe	Bisherige Gefühle werden durch neue Impulse oder äußere Umstände in Zweifel gezogen; Chance zur emotionalen Neuorientierung.
	Familie	Veränderung im Familiengefühl durch neue Menschen oder Energien.
	Partner/Freunde	Zusätzliche, bislang unbekannte Faktoren können die Partnerschaft bereichern und beflügeln.
	Nicht bewußt	Ent-täuschung über unerwartete Gefühlsschwankungen des Partners; Verwirrung angesichts einer unübersichtlichen und komplexen emotionalen Situation; man wird sich über die eigenen Gefühle nicht klar.
6:	*Allgemein*	Stimmungshoch; Überschwang der Gefühle; harmo-

		nisch ausgeglichene Gefühlswelt.
	Liebe	Emotionale und erotische Lebensfreude und Zufriedenheit; Leichtigkeit im Austausch von Gefühlen; Fähigkeit, sensibel auf den Partner einzugehen.
	Familie	Feierstimmung; gegenseitige Hilfe auf der Grundlage herzlicher Zuneigung.
	Partner/Freunde	Beschwingtes Zusammensein; zwanglose emotionale Verbundenheit.
	Nicht bewußt	Gefahr der Oberflächlichkeit in den Gefühlsbeziehungen; Täuschung anderer (oder seiner selbst) über emotionale Motivationen.
7:	*Allgemein*	Erschütterung der Gefühlswelt; Zerstörung von Illusionen; Zwang, sich mit Gefühlen bewußt auseinanderzusetzen.
	Liebe	Herausforderung, den Gefühlen einen überpersönlichen Sinn zu geben.
	Familie	Natürliche Abnutzungs- und Gewöhnungserscheinungen in der gegenseitigen Zuwendung verlangen von jedem Familienmitglied, sich auf die Entwicklung der eigenen Gefühls-

		muster und ihren Beitrag zur Gemeinschaft zu besinnen.
	Partner/Freunde	Chance, sich wieder mehr auf sich selbst zu konzentrieren und den Fluß der emotionalen Energien bewußt zu beobachten.
	Nicht bewußt	Verschleiß eigener Energien durch übertriebenes Ausleben von Gefühlen; blinde Jagd nach vermeintlichem Gefühlsreichtum; man gibt fast jedem emotionalen Impuls nach.
8:	*Allgemein*	Überfließende Gefühle, als ob man aus einer ewigen Quelle schöpft; emotionales Glück.
	Liebe	Die Liebe kann wie Honigseim aus einem geöffneten Blütenkelch genossen werden.
	Familie	Man fühlt sich als Glied einer fast ewigen Kette der Generationen geborgen.
	Partner/Freunde	Aussicht auf harmonische Energie und lebendige, abwechslungsreiche Erfahrungen.
	Nicht bewußt	Man glaubt, daß jede eigene Gemütsbewegung bereits Ausdruck kosmischer Kräfte und Inspirationen sei; Gefahr, sich auf den Wert der eigenen Empfindungen dogmatisch zu

		versteifen (wie beispielsweise bei vielen sogenannten »Channels«).
9:	*Allgemein*	Innere Zufriedenheit, die emotionale Gelöstheit möglich macht; Erfüllung von Hoffnungen und Wünschen.
	Liebe	Erotische Erfüllung der Sehnsucht nach Liebe; Erspüren innerer, bislang nicht wahrgenommener Gefühlsverbindungen; auch äußeres Loslassen.
	Familie	Chance größerer Vertiefung des Familienlebens; Erfühlen von Wegen in eine neue Freiheit, auch von Möglichkeiten zur Erweiterung der Gefühlswelt.
	Partner/Freunde	Natürlicher Abschluß eines Zyklus oder Prozesses, möglicherweise Trennung; innere Auseinandersetzung mit Gefühlen (zum Beispiel durch Meditation oder in einer Psychogruppe).
	Nicht bewußt	Emotionale Verödung oder Verkrüppelung, weil man alte Muster des Verhaltens und Fühlens nicht abgelegt, vielleicht noch nicht einmal erkannt hat; Unfähigkeit, sich neuen emotionalen Impulsen

		gegenüber zu öffnen; mögliche Gefühlskälte.
10:	*Allgemein*	Neue Sensibilität; vergeistigte Empfindungen; Vorstoß in die Dimension einer freien Gefühlswelt.
	Liebe	Als vollkommen empfundene Liebe; Freiheit von emotionalen Verhaftungen und »Egotrips«.
	Familie	Erwachsener Umgang miteinander, mit den eigenen Gefühlen und denen anderer.
	Partner/Freunde	Überwindung von Hindernissen durch Austausch emotionaler Energien.
	Nicht bewußt	Mit Empfindungen Druck ausüben wollen; »Gefühlsblockaden« oder emotionale Ausbrüche.

BLITZE

AS:	*Allgemein*	Einbruch neuer Energien; eine höhere Kraft begünstigt den Erfolg; Sieg; Gerechtigkeitssinn; sexuelle Liebe, die wie magnetisch anzieht.
	Liebe	Durch bewußte Auseinandersetzung mit neuen Impulsen

		und/oder mit neuen Kräften wird die Beziehung mental geklärt; eine neue Liebe schlägt ein wie ein Blitz.
	Familie	Plötzliche Veränderungen im Familienleben.
	Partner/Freunde	Chance, Pläne durchzusetzen.
	Nicht bewußt	Mangelnde Bereitschaft, sich mit starken Energien oder plötzlichen Veränderungen auseinanderzusetzen; das kann zu Verworrenheit oder Zusammenbruch führen.
2:	*Allgemein*	Ein Spannungsfeld baut sich auf; zwei Kräfte stehen sich aufmerksam, aber kampflos gegenüber; Stellungnahme; Balance.
	Liebe	Abwartende Haltung; zumindest zeitweiliger Verzicht auf Durchsetzung; man kann die beiden Pole der Beziehung klar erkennen.
	Familie	Bereitschaft zur offenen Aussprache.
	Partner/Freunde	Motivationen werden erwogen, Kräfte (noch) friedlich gemessen.
	Nicht bewußt	Notwendige Stellungnahmen werden vermieden; man versucht, sich vor anstehenden Klärungsprozessen zu drük-

		ken; Überzeugungen werden verdrängt; starre Konfrontation.
3:	*Allgemein*	Schöpferischer Umgang mit blitzartig auftretenden Ideen und Energien; Chance, Vorhaben schnell durchzusetzen.
	Liebe	Entflammte Leidenschaft.
	Familie	Kraftvoll-feurige Zusammenarbeit aufgrund von Geistesblitzen, die inspirieren.
	Partner/Freunde	Notwendigkeit, sich mit Energien und Ideen Dritter auseinanderzusetzen.
	Nicht bewußt	Langeweile in der Beziehung; man hat sich nichts (mehr) zu sagen.
4:	*Allgemein*	Mentale Kräfte werden in eine feste Ordnung gebracht; Bereitschaft, die erworbenen Lebensgrundlagen kämpferisch zu verteidigen.
	Liebe	Absicherung des eigenen Glücks gegen äußere Ansprüche, Irritationen und Gefährdungen.
	Familie	»Wagenburg«; man genügt sich.
	Partner/Freunde	Man versucht, die gemeinsamen Vorstellungen gegen fremde Einflüsse abzuschot-

		ten; massive Durchsetzungskraft.
	Nicht bewußt	Man versucht, eine mentale Ordnung zu erzwingen – gegen blitzartige Einbrüche neuer Energien; man versucht (vergeblich), sich gegen plötzliche Veränderungen von außen zu sperren.
5:	*Allgemein*	Entscheidungen stehen an; Anstöße zu Wagnissen oder Abenteuern; Kampf um Wesentliches – um die Quintessenz (Quint = fünf).
	Liebe	Bereitschaft, sich mit allen fünf Sinnen auf Veränderungen in der Beziehung einzustellen und feurig zu reagieren.
	Familie	Wunsch, eine starre Struktur zu überwinden, notfalls unter Einsatz starker Kräfte.
	Partner/Freunde	Mentale Neuorientierung; individuelle Neuorientierungen stehen an; Vermittlung bei Streitigkeiten.
	Nicht bewußt	Zersplitterung von Konzentration und Kräften; Ungenauigkeit.
6:	*Allgemein*	Sensibler Umgang mit Energien, die zum Erfolg drängen; harmonischer Kräfteaustausch.

	Liebe	Gemeinsames Vergnügen an polarisierenden Spannungszuständen; genußvolles Erleben von sexuellen Reizen; man fühlt sich des Beziehungsgeflechts sicher.
	Familie	Harmonie im schöpferischen Ausgleich individueller Energien; Sonntagsruhe im Lebenskampf.
	Partner/Freunde	Freude an physischer Betätigung, so etwa an gemeinsamem Sport; man bündelt die Kräfte für einen noch zu erkämpfenden Erfolg.
	Nicht bewußt	Man kehrt des »lieben Friedens« willen vorhandene Gegensätze unter den Teppich und versucht, widerstrebende Tendenzen anzugleichen.
7:	*Allgemein*	Zwang, sich mit Aggressionen oder Machtstreben bewußt auseinanderzusetzen; möglicherweise labiler Gesundheitszustand.
	Liebe	Schicksalhafter Umbruch in der Beziehung; »die Umstände« zwingen zur Klärung von aggressiven Energien im Zusammenleben; das verflixte siebente Jahr!
	Familie	Früheres Fehlverhalten in der

Gemeinschaft muß gemeinsam oder getrennt geklärt werden.

Partner/Freunde Jeder muß erst mit sich selbst ins reine kommen, bevor die Partnerschaft fruchtbar werden kann.

Nicht bewußt Unauflösbar erscheinender Zwiespalt oder sogar Chaos, weil man sich entweder ständig angegriffen fühlt oder selbst aggressiv reagiert.

8: *Allgemein* Fähigkeit, sich blitzartig auftretende Energiehöhepunkte im ewigen Puls der Schwingungen zunutze zu machen, um eigene Interessen durchzusetzen; Erfolgschancen durch Schlagfertigkeit und schnelle Reaktionen.

Liebe Lebendiger Energiefluß im Rahmen einer gesicherten und gleichzeitig offenen Beziehung; in der Liebe »funkt es« noch – oder wieder; harmonischer Rhythmus von Nehmen und Geben.

Familie Ein früherer Schlagabtausch ist beendet, man hat sich zusammengerauft und genießt (wieder) das Zusammenleben, weil Meinungsverschiedenhei-

	ten erkannt und respektiert werden können.
Partner/Freunde	Auf der Grundlage erfolgreich bestandener gemeinsamer Kämpfe kann man sich entweder auf seinen Lorbeeren ausruhen oder neue, spannende Vorhaben angehen.
Nicht bewußt	Früheren Differenzen wird zuviel Gewicht beigemessen; mangelnde Bereitschaft, sich auf überpersönliche, gleiche Kräfte einzulassen.
9: *Allgemein*	Aufforderung, sich meditativ auf Aggressionen zu besinnen; Abgeklärtheit; Chance, sich von einer einseitig auf Auseinandersetzung gepolten Einstellung zu lösen.
Liebe	Selbstloser Einsatz für den anderen, unter bewußtem Verzicht darauf, eigene Interessen durchzusetzen; sich trennen, *ohne* zu kämpfen.
Familie	Ständiger Kämpfe müde oder aus besserer Einsicht streckt man die Waffen, um innen zu erlangen, was äußerlich nicht erreichbar ist.
Partner/Freunde	Die Partnerschaft wird intimer, weil zu mentaler Gemeinsamkeit ein gelöstes ge-

		genseitiges Verstehen hinzukommt; Abschied.
	Nicht bewußt	Verzweiflung über ständige Auseinandersetzungen; man hat mit sich selbst keine Geduld oder quält sich selbst; scheinbar unlösbare Konflikte.
10:	*Allgemein*	Aufgabe irdischer Kämpfe kann zur Bewußtseinsöffnung für höhere Kräfte führen; weltliche Herausforderungen werden gemeistert und überwunden.
	Liebe	Energien werden aufs neue vereint; tatkräftige Arbeit am gemeinsamen Karma.
	Familie	Frische kosmisch-magnetische Kräfte geben dem Familienleben spürbar eine neue Richtung.
	Partner/Freunde	Aufbruch zu neuen Ufern, sofern Bewußtseinskräfte aus einer höheren Dimension auf ein gemeinsames Ziel ausgerichtet werden können.
	Nicht bewußt	Stagnation im Energiefluß; Überlegenheit wird ruchlos oder gedankenlos ausgenutzt, zum Schaden anderer und letztlich zum eigenen.

Damit sind wir am Schluß unserer Deutungshinweise angelangt. Natürlich sollen sie nur als Hilfen gelten, nicht als absolute, eherne Gesetze oder der Weisheit vermeintlich letzter Schluß. Denn *Sie selbst* werden im Umgang mit Tarot zu Ihrem eigenen Stil und Ihrer eigenen Interpretationsweise finden. Darin wird sich immer auch Ihr Bewußtseinszustand, Ihre Motivation, Ihre jeweilige Gemütslage und natürlich die Frage spiegeln, um die es Ihnen geht.

Gayan und ich bieten gelegentlich in Deutschland, Österreich und der Schweiz Tarotkurse an, in denen wir die Teilnehmer/innen mit echten Tarotfragen aus der Praxis, Gruppen- und Einzelübungen sowie ein bißchen »Theorie« unmittelbar zur eigenen intuitiven Fähigkeit führen, Tarot für sich zu deuten. Informationen über Termine erteilt Ihnen der Verlag.

Auf den folgenden Seiten finden Sie systematisch ausgearbeitete Hilfen, auch als »Anfänger/in« Tarot für sich selbst zu deuten.

IV
Tarotsitzungen und Legetechniken: die besonderen Methoden im »Tarot der Liebe«

Tarot als Energieprozeß

So undurchdringlich über den Ursprüngen des Tarot die Schleier der Vergangenheit liegen, so geheimnisumwoben sind die Ursprünge mancher Legetechniken, zum Beispiel des »Keltischen Kreuzes«. Wir wollen den Spekulationen darüber nicht neue, eigene hinzufügen.

Es gibt viele verschiedene Legetechniken. Keine ist einer anderen grundsätzlich über- oder unterlegen. Jeder Tarotexperte, der sich selbst und seinen Klienten nichts vormacht, weiß das.

Jeder Mensch kann sich selbstverständlich *auch eigene,* neue Legetechniken ausdenken.

Wir werden Ihnen später fünf Legetechniken vorstellen, die von uns gezielt für das Partnerschafts-Tarot entwickelt oder weiterentwickelt worden sind.

Jede Tarotsitzung – ob mit einem Berater, in einer Gruppe oder allein – dient dazu, daß wir uns selbst besser erkennen; daß wir neue Aspekte unserer Situation erfassen; daß wir Problemlösungen und Entwicklungsmöglichkeiten bildhaft deutlich vor uns sehen und in unserem Alltag als Antwort umsetzen können.

Unser Leben ist ein komplexes Zusammenwirken von Energie – in uns selbst, zwischen Partnern, in der Gesellschaft, in der Natur, in der gesamten Schöpfung.

Bewußte Menschen empfinden es als ein kosmisches Wechselspiel. Viele unter uns erleben es aber immer noch als ein rätselhaftes oder schreckenerregendes Drama.

Die Archetypenwelt des Tarot ist voller energiegeladener Spiegelbilder unseres bewußten und nicht bewußten Lebens. Diese Bilder tragen die Kraft in sich, neue Schwingungen in uns freizusetzen, die wir ganz praktisch und positiv nutzen können.

Wir müssen allerdings bereit sein, uns auf die Schwingungen der Karten – und damit auf uns selbst – einzulassen! Wir sollten uns auf unsere Situation, die Frage oder das Problem, auf die Tarotkarten, auf die Legetechnik, sogar auf das Ambiente der Sitzung einstimmen.

Einführung zum Legen von Tarotkarten

Die Karten:
Manche Tarotexperten empfehlen, die Karten in einem besonderen Tuch (möglichst Seidentuch) aufzubewahren und sie nicht aus der Hand zu geben, um die Energien der eigenen Karten zu konzentrieren und zu erhalten.

Wir meinen, daß Sie den richtigen Umgang mit den Tarotkarten für sich im Laufe der Zeit selbst herausfinden werden.

Die Sitzung:
Es kann durchaus hilfreich sein, die Tarotsitzung als ernsthaftes Ritual oder als meditative Übung durchzuführen. Dazu empfiehlt es sich,

- einen ruhigen Platz zu wählen und Radio, Fernseher und Telephon abzustellen;

- vielleicht erst einige Minuten bewußt zu entspannen, den Atem frei strömen zu lassen und die Augen zu schließen;
- vielleicht mit Kerzenlicht eine geeignete Atmosphäre zu schaffen;
- dann die Karten vielleicht erst einmal einige Augenblicke in der Hand zu halten und sich dabei auf die Fragestellung zu konzentrieren;
- gründlich die Karten zu mischen, eventuell (mit links) abzuheben und schließlich auszulegen.

Zwei Methoden des *Auslegens* bieten sich an:

1. Man legt die Karten in der gewählten Legetechnik der Reihenfolge nach aus, so wie sie im Kartenstapel liegen; oder
2. man fächert die Karten in einem Halbkreis vor sich auf; dann sucht man sich für jede Position der gewählten Legetechnik intuitiv (mit geschlossenen oder geöffneten Augen) eine Karte aus dem Kartenfächer heraus (mit der linken Hand).

Jede Ritualisierung birgt bekanntlich auch die Gefahr in sich, daß wir dogmatisch werden. Ein übersteigertes Tarotritual kann außerdem auch dazu führen, daß man die Karten tierisch ernst nimmt – und somit die eigene freie Kreativität unterdrückt. Es geht also wieder um das rechte Maß – siehe Karte 14.

Die Antwort:
Jede »Antwort« aus dem Tarot steht symbolisch für jene Energie, Gemütsverfassung und Bewußtseinsdimension, die im Augenblick wirksam sind.

Jede Tarotantwort ist demnach ein Spiegelbild des eigenen psychischen Lebensmusters – und nicht ein Verdikt oder Urteil entrückter, autoritärer Gewalten oder Götter!

Jede Antworthilfe durch das Tarot ist eine Aufforderung zur Selbstbestimmung, zur schöpferischen Lebensgestaltung, zur Freiheit!

Nur mit der Großen Arkana arbeiten – oder mit allen Tarotkarten?

Ein schwieriges, ein umstrittenes Thema! Manche Tarotkenner schwören darauf, nur mit den Karten der Großen Arkana zu arbeiten.* Andere Experten meinen, daß man ohne die Differenzierung durch die 16 Hof- und die 40 Zahlenkarten nicht auskomme. Wieder andere sind der Ansicht, daß man nur die Karten der Großen Arkana und die 16 Hof- oder Personenkarten benutzen solle; denn die Bedeutung dieser insgesamt 38 Karten sei relativ einheitlich, während die Interpretationen der 40 Zahlenkarten stark voneinander abweichen – was angesichts der völlig unterschiedlichen Bildgestaltung der Spiele nicht weiter verwundert.

Wir meinen dazu:

Wenn Sie Tarotanfänger sind, beginnen Sie am besten nur mit den Karten der Großen Arkana. Diese 22 oder 23 Karten reichen zunächst völlig aus, um Assoziatio-

* Wir denken dabei etwa an Bernd A. Mertz, der sich in seinen Büchern *»Astrologie und Tarot«* und *»Karma im Tarot«* sowie in seinem ägyptischen Tarot bewußt auf die Karten der Großen Arkana beschränkt.

nen, Gefühlsreaktionen, Erinnerungen und tiefe Einsichten anzustoßen.

Mit den Karten der Großen Arkana können Sie im übrigen *alle* im folgenden Abschnitt genannten Legetechniken anwenden!

Wenn Sie fortgeschritten sind, können Sie die 16 Hofkarten dazunehmen. Damit können Sie differenzieren, ohne sich durch eine unübersichtliche Vielfalt von Eindrücken zu verwirren.

Wenn Sie Tarotexperte sind, bedürfen Sie unseres Rats nicht. Sie arbeiten dann höchstwahrscheinlich häufig mit allen Karten und benutzen in bestimmten Situationen dennoch bewußt nur die Karten der Großen Arkana.

Als generelle Regel gilt unserer Meinung nach: Wenn Sie noch recht oft im Anleitungsbuch nachschauen müssen, um sich über die mögliche Bedeutung der Karten klarer zu werden, empfiehlt es sich, daß Sie sich zunächst auf die Karten der Großen Arkana konzentrieren.

Denkbar ist auch, die Karten des »Tarots der Liebe« mit anderen zu kombinieren. Wenn Sie es vorziehen, mit einem anderen Lieblingsspiel weiterzuarbeiten, können Sie einzelne »Fragekarten« aus dem *»Tarot der Liebe«* herausgreifen, je nach Ihrer Frage diese Karte offen in die Mitte Ihrer jeweiligen Auslegung plazieren und nun zu dieser Karte Ihre eigenen dazuziehen. (Siehe dazu den Abschnitt über die Legetechnik des »Liebessterns« auf S. 192f: Dort geben wir Hinweise zur Bedeutung einzelner Karten im *»Tarot der Liebe«* bei bestimmten Beziehungsfragen.)

Legetechniken

Zur Erinnerung: Sie können diese Legetechniken auch dann anwenden, wenn Sie nicht mit Marcia Perrys Karten, sondern beliebigen anderen Tarotspielen arbeiten.

Übrigens halten wir nichts davon, einer Tarotkarte eine andere oder gar entgegengesetzte Bedeutung zu verleihen, wenn sie umgekehrt aufgedeckt oder gezogen wird. Deshalb haben wir in den Interpretationshinweisen auch keine Gegensatzpaare angeführt. Aber auch zu diesem Punkt gibt es andere Auffassungen.

Der »Pfeil der Zeit« – mit drei Karten

Dies ist eine Legetechnik für den raschen, knappgefaßten Überblick; eine einfache Methode, die zeitliche Dynamik einer Entwicklung symbolisch zu erfassen.

Der »Pfeil der Zeit« weist in drei Karten darauf hin, welche Energien die Vergangenheit, die Gegenwart und die Zukunft einer Situation bestimmen.

Man legt zuerst links die Karte für die Vergangenheit, dann in die Mitte die Karte für die Gegenwart und zuletzt rechts die Karte für die Zukunft aus.

Die *erste Karte* zeigt

- welche Eigenschaften, Fähigkeiten, Qualitäten, Erwartungen, Hoffnungen und Wünsche wir in die Partnerschaft eingebracht haben;
- auf welchen geistigen und materiellen Fundamenten die Partnerschaft – aus unserer Sicht – aufgebaut worden ist;
- unsere Vergangenheit, wie sie *heute* auf uns einwirkt.

Wenn eine Karte auf dieser Position als »negativ« empfunden wird, so deutet das auf noch nicht bewußt gemachte Ängste hin. Wir verdrängen dann unseren »Schatten«, also in den Tiefen unserer Psyche verborgene Kräfte, die uns und der Partnerschaft bedrohlich erscheinen. Oder wir nehmen Kartenbilder zu wörtlich, anstatt sie symbolisch zu interpretieren (wenn Sie zum Beispiel Tarotspiele benutzen, die mit Negativsymbolen arbeiten).

Die *zweite Karte* zeigt

- welche Schwingungen gegenwärtig die Partnerschaft bewegen;
- welche Herausforderungen, Aufgaben, Probleme oder Chancen jetzt auf uns warten;
- die gegenwärtig wichtigen Schwerpunkte und Themen der Beziehung.

Wenn uns eine Karte auf dieser Position als negativ erscheint, liegt es nahe, daß wir eine bewußte Gegenüberstellung oder Auseinandersetzung über Schwierigkeiten zur Zeit ablehnen und ihr aus dem Weg gehen wollen.

Die *dritte Karte* zeigt

- welche Erwartungen, Hoffnungen und Wünsche die nähere Zukunft der Beziehung bestimmen;
- welche Energien und Bewußtseinsdimensionen uns durch die Partnerschaft zugänglich werden können;
- das Entwicklungspotential.

Wenn eine Karte auf dieser Position »negativ« wirkt, so sollten wir prüfen, ob wir davor Angst haben, daß die Zukunft ungewiß bleibt; oder davor, daß unsere eigenen negativen Projektionen Wirklichkeit werden.

Der »Stern der Liebe« – mit sechs Karten

Der Stern im *»Tarot der Liebe«* ist eine Neuentwicklung speziell für Partnerschaftsfragen, die sich inzwischen in der Praxis bewährt hat. Diese Legetechnik ermöglicht es, in den wichtigsten Bereichen zwischenmenschlicher Beziehungen einen klaren Gesamteindruck von den entscheidenden Einflüssen zu gewinnen.

Der Stern bezeichnet die konkreten Kräfte, welche die Entwicklungsrichtung des Fragethemas entscheidend lenken.

Die *erste Karte*, schon während des Kartenmischens offen ausgelegt, bezeichnet die Frage. Sie wird je nach Problem unter den 23 Karten der Großen Arkana *vorher* herausgesucht und in die Mitte des Sterns gelegt.

Die *zweite Karte* symbolisiert die weiblichen Energien und Einflüsse, die das Thema bestimmen.

Die *dritte Karte* steht für die männlichen Energien und Einflüsse.

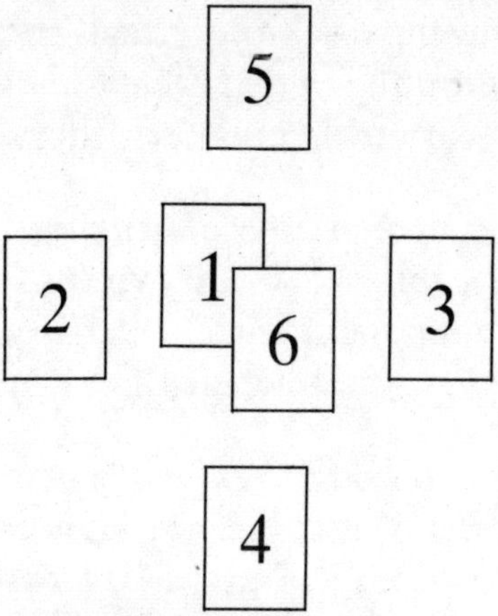

Die *vierte Karte* versinnbildlicht Schicksalslehren der Vergangenheit, die in uns wirksam sind.

Die *fünfte Karte* weist auf unsere Hoffnungen, Wünsche, Absichten und Ziele bezüglich der Frage hin – im Idealfall also auf das Resultat oder die Lösung, die wir anstreben.

Mit der *sechsten Karte* wird die erste schräg abgedeckt; sie weist auf förderliche oder hinderliche Energien, also auf Hilfen oder Hemmnisse hin.

Im *»Tarot der Liebe«* legen wir folgende Karten auf die Position 1 offen aus, je nach Fragestellung:*

Entscheidung in bezug auf einen Partner:

Nr. 6, »Die Liebenden«. Kommentar überflüssig.

Entscheidung über Heirat:

Nr. 7, »Das Gefährt«. Es gilt, sich klarzumachen, daß

* Falls Sie diesen Stern mit Ihrem eigenen Kartenset legen wollen, könnten Sie durchaus auch nur als Mittelkarte eine aus dem beiliegenden Set nehmen, um die positive Ausstrahlung von Marcia Perrys Motiven zu nutzen.

jede festere Bindung ein Mindestmaß an Nähe, Harmonie, Übereinstimmung in den Zielen sowie Gemeinsamkeiten bei der Verwirklichung erfordert.

Entscheidung zwischen zwei Partnern:
Nr. 12, »Kopfüber«. Wenn wir uns unter Einsatz üblicher Methoden nicht entscheiden können, bedarf es eines völlig neuen, unüblichen Blickwinkels.

Kinderwunsch eines oder beider Partner:
Wenn eine Frau fragt: Nr. 19, »Die Sonne«;
wenn ein Mann fragt, Nr. 18, »Der Mond«.
Der jeweils zum Fragesteller komplementäre Aspekt steht im Mittelpunkt der Tarotaussage.

Fragen zur sexuellen Erfüllung:
Wenn es sich um tatsächlich erfahrene Leidenschaften oder Wünsche dreht, dann lege man Nr. 6, »Die Liebenden«, oder Nr. 15, »Verstrickung«, in die Mitte; wenn es sich um noch nicht erlebte sexuelle Hoffnungen handelt, lege man die Nr. 11, »Der Höhepunkt«, auf die Position 1.

Streben nach spirituellem Einklang:
Der Stern symbolisiert kosmische Energie, welche die Erde befruchtet. Wir legen Karte Nr. 17, »Der Stern«, in die Mitte. Die Hoffnung auf geistige Gemeinsamkeit wird immer aus einer Verbindung mit Kräften aus höheren Sphären genährt.

Wunsch nach besserer Kommunikation:
Man sucht Nr. 14, »Das Maß«, heraus und legt diese Karte in die Mitte. Echte Kommunikation, wirklicher Austausch ist nur möglich, wenn wir selber im Einklang

mit unseren schöpferischen und produktiven Kräften sind, also eins mit unserer Seele.

Trennungsprobleme:

Karte Nr. 16, »Der Blitz«, steht für Aufbruch, plötzliche Zerstörung, Abschied, Auflösung, Notwendigkeit zur Veränderung – und damit auch für Trennung.

Scheidung:

Was wie ein »Tod« erscheint, ist in Wirklichkeit nur eine Wandlung. Deshalb wird bei solchen Fragen Nr. 13, »Die Verwandlung«, in die Mitte gelegt. (Schauen Sie sich diese Karte, wie Marcia Perry sie darstellt, ruhig etwas länger an; sie strahlt etwas Tröstliches und Ermutigendes aus!)

Tod eines Partners:

Irgendwann kommt für uns alle die Zeit, wo wir auf der irdischen Ebene Lebewohl sagen, unseren Körper loslassen und auf dem schmalen Hochseil unseres Lebens möglichst beschwingt unserer weiteren Bestimmung entgegengehen. Auf der Ebene des Bewußtseins, der Seele, gibt es weder Trennung noch Tod! Energien können nie vernichtet, sondern nur verwandelt werden – alles ist und bleibt miteinander verbunden. »Die Narren«, die Karte 0, zeigt uns ein Vorbild für die Lebenshaltung auch in solchen schweren Zeiten.

Fragen nach dem Umgang mit der Einsamkeit und dem Alleinsein in der Partnerschaft:

Jeder bewußte Mensch weiß, daß allein zu sein nicht Einsamkeit bedeutet. Jeder Partner braucht immer wieder auch Freiräume – oder er wird damit konfrontiert, daß der Partner dies möchte. Karte 9, »Die Suchenden«, wird bei solchen Themen in die Mittelposition gelegt.

Seelenpartner, Zwillingsseelen, Seelenverwandtschaft:
In diesen Fällen stellt die 21, »Die Schöpfung«, den Kristallisationspunkt für die Tarotaussage dar.

Bei anderen Fragen:
»Das Schicksalsrad«, Karte 10, bildet den Hintergrund für andere Themen, einschließlich der nicht spezifisch definierten. Dieses Lebensrad zeigt das ständige Auf und Ab im menschlichen Schicksal an.

(Natürlich steht es Ihnen frei, diejenige Karte auf die Mittelposition zu legen, die Sie für die aussagekräftigste halten.)

Man legt also die entsprechende Themenkarte offen in die Mitte. Dann mischt man die Tarotkarten, während man sich immer wieder innerlich auf die Fragestellung und die Energie der Themenkarte auf die Position 1 konzentriert. Anschließend legt man die Karten 2, 3, 4, 5 und 6, wie oben beschrieben, in der Reihenfolge der Zahlen aus.

Der Tarot-Partnerdialog – mit zwei bis zwölf Karten

In Tarotsitzungen mit dieser Legetechnik sollte der Partner möglichst einbezogen werden.

Beide mischen und heben eventuell ab; dann fächert

man die Karten im Halbrund vor sich aus. Bevor man nun abwechselnd, vielleicht mit geschlossenen Augen und der linken Hand, jeweils eine Karte zieht, konzentriert man sich auf die entsprechende Frage, die man auch während des Kartenziehens laut aussprechen kann. (Diese Art, sich auf eine Tarot-Sitzung bewußt und offen einzulassen, fördert den Energiefluß, die intuitive Interpretationsfähigkeit und die Bereitschaft zur Transformation.)

Die Antwortkarten der Partner werden immer nebeneinander hingelegt, so daß eine Zweierreihe entsteht:

Karten 1 und 2 – 1. Frage: »Was möchte ich von dir?«

Karten 3 und 4 – 2. Frage: »Was gebe ich dir?«

Karten 5 und 6 – 3. Frage: »Was stört mich an dir?«

Karten 7 und 8 – 4. Frage: »Was liebe ich an dir?«

Karten 9 und 10 – 5. Frage: »Wo will ich hin mit dir?«

Karten 11 und 12 – 6. Frage: »Was möchtest du von mir?«

Diese Methode läßt sich beliebig erweitern und fortsetzen. Vor allem können die Fragen auch umgekehrt werden: So kann man anstelle von: »Was liebe ich an dir?« auch wissen wollen: »Was liebst du an mir?«

Der sehr einfache und doch verblüffend lebendige Partnerschafts-Dialog mit Tarotkarten kann die Spontaneität in der Beziehung erhöhen und versteckte Blockaden rasch offenbaren.

Folgende weitere Fragen könnten gestellt werden:

»Wer bist du für mich?«, »Wer bin ich für dich?«

»Was erwarte ich von dir?«, »Was erwartest du von mir?«

»Was veränderst du in mir?«, »Was verändere ich in dir?«

»Welche Entwicklungschance der Beziehung siehst du,

welche ich?«

Zusätzlich zu den drei genannten Methoden möchten wir nun noch zwei weithin bekannte Legetechniken in ihrer speziellen Anwendung auf Beziehungsfragen darstellen: das »Keltische Kreuz« und das Astro-Tarot.

Das »Keltische Kreuz« – mit zehn Karten

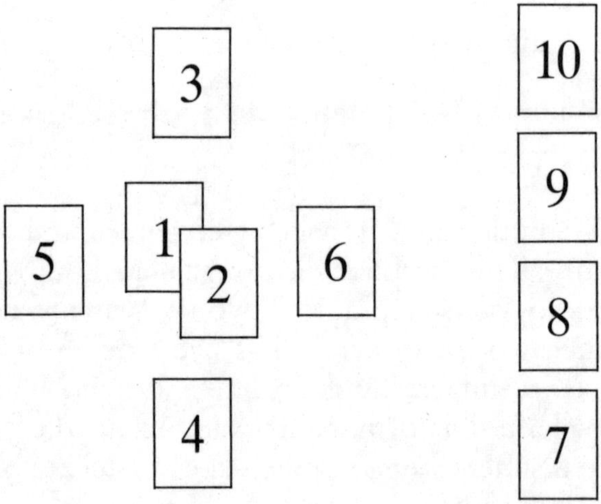

Die *erste Karte* steht für das gegenwärtige Thema oder Problem in der Beziehung.

Die *zweite Karte* weist auf Hilfen oder Hemmnisse hin, mit dem Problem umzugehen.

Die *dritte Karte* deutet auf die geistige Zukunftserwartung oder Entwicklungschance hin, auch auf Ziele.

Die *vierte Karte* bezeichnet früher wirksame Gefühlskräfte in der Partnerschaft, die jetzt noch karmische Einflüsse ausüben können.

Die *fünfte Karte* symbolisiert zurückliegende materielle Bedingungen, die sich heute noch auf die Beziehung auswirken.

Die *sechste Karte* zeigt an, in welchen dynamischen Strukturen sich die Beziehung in der näheren Zukunft manifestieren kann.

Die *siebente Karte* kennzeichnet unsere eigene Einstellung zur Partnerschaftsthematik, um die es gerade geht.

Die *achte Karte* zeigt an, wie der Partner/die Partnerin das anstehende Thema sieht.

Die *neunte Karte* deutet auf Herausforderungen und Belastungsproben für die Beziehung in der Zukunft hin.

Die *zehnte Karte* versinnbildlicht schließlich das Ergebnis, so wie es die zur Zeit vorherrschenden Energien nahelegen. Diese letzte Karte kann aber auch Qualität und Merkmale eines Neubeginns in der Partnerschaft anzeigen.

Wenn die letzte Karte keine klare Aussage zuläßt, können bis zu drei Karten nachgezogen werden, wobei Trümpfen und Hofkarten mehr Gewicht als den Zahlenkarten beigemessen wird.

Das Astro-Tarot – mit zwölf Karten

Das Astro-Tarot bezieht die zwölf Tierkreiszeichen und die dazugehörigen zwölf Häuser oder Felder in eine Legemethode mit Tarotkarten ein.

Im »*Tarot der Liebe*« werden sämtliche zwölf Karten auf Beziehungsfragen hin interpretiert, nicht nur eine einzige Karte, wie sonst in der astrologisch inspirierten Tarotdeutung.

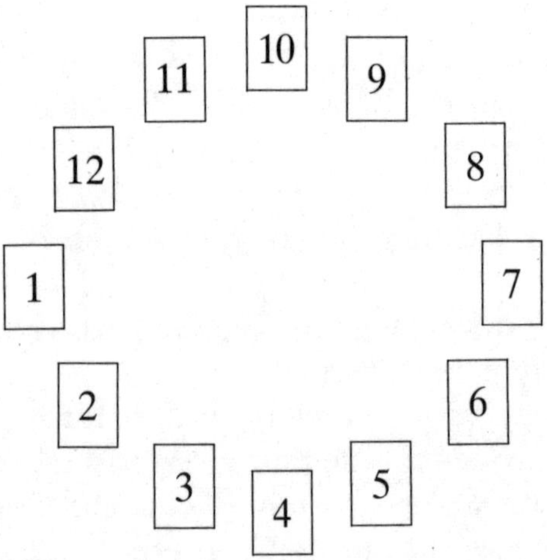

Man mischt die Karten und legt sie für jeweils eine Person und ihre Rollenspiele und Funktionen innerhalb der Partnerschaft aus. Die Karten werden liegengelassen oder, falls man nur ein Tarotspiel hat, gut notiert.

Falls eine zweite Person anwesend ist, sollte sie ebenfalls ein Astro-Tarot legen (lassen) – zum Vergleich.

Die *erste Karte* bezeichnet unsere Einstellung zum Partner, zur Beziehung.

Die *zweite Karte* weist auf unsere materiellen, finanziellen Erwartungen und Verhaltensmuster in der Partnerschaft hin.

Die *dritte Karte* steht für die Art und Weise, in der wir uns austauschen, für unsere Kommunikations(un)fähigkeit.

Die *vierte Karte* symbolisiert sowohl die Prägung als auch die – oft unbewußten – Wünsche in bezug auf Heim, Haus oder Wohnung. Dabei kann es sich um die äußere oder innere Heimat handeln.

Die *fünfte Karte* zeigt Chancen an, wie mit schöpferischen Kräften in der Beziehung Lebenslust verwirklicht werden kann (auch Zeugung und Gebären).

Die *sechste Karte* gibt Hinweise auf unsere Aufgaben in der Partnerschaft, wo wir zu lernen und zu dienen haben; aber auch auf Ernährung, Gesundheit und natürliche Lebensweise.

Die *siebente Karte* signalisiert uns, welche Einstellung des Partners uns gegenüber wir von ihm erwarten. Unerfüllte und falsche Erwartungen führen zwangsläufig zu Ent-täuschungen.

Das Bild auf der *achten Karte* stellt demnach jene Krisen und Transformationsprozesse dar, mit denen wir rechnen müssen. Manchmal kann es auch eine Erbschaft von der Seite des Partners her anzeigen.

Die *neunte Karte* stellt geistige Neuorientierung innerhalb der Partnerschaft und das Entdecken neuer Horizonte und Ziele dar.

Die *zehnte Karte* läßt uns erkennen, auf welche Weise wir die Beziehung festigen und fruchtbar machen können.

Die *elfte Karte* zeigt Chancen, aber auch Ängste auf, die latent vorhanden sind und erst noch durchlebt und aufgelöst werden müssen.

Die *zwölfte Karte* versinnbildlicht eine neue Freiheit, die uns winkt, wenn wir unsere Entwicklungsprozesse bewußt verarbeitet haben. Dann werden wir den Partner nicht mehr aus Not, Angst, Begierde oder Gewohnheit (miß-)brauchen, sondern schöpferisch-selbstbestimmte und immer neue Begegnungen erfahren – durchaus mit demselben Partner.

Wenn wir nicht genügend bewußt leben, werden wir entweder mit demselben Partner oder mit wechselnden Partnern immer wieder dieselben alten Spiele von vorne anfangen.

Die zwölfte Karte symbolisiert also den idealen Energiefluß oder die Energieblockade.

Wenn die Aussage nicht deutlich genug erscheint, kann eine weitere Karte gezogen werden.

Schlussbemerkungen

Wir und Sie sind am Schluß dieses Buchs angekommen. Sicher haben Sie schon mehrfach die Tarotkarten zur Hand genommen und ausgelegt, gespielt, sinniert...

Wahrscheinlich haben Sie durch die Interpretationen des *»Tarots der Liebe«* nicht nur neue Anstöße für den Umgang mit den Karten erhalten, sondern auch Impulse, Ihren Umgang mit Liebe, Partnerschaft und zwischenmenschlichen Beziehungen ganz allgemein zu überdenken.

Hoffentlich konnten wir Ihnen etwas von der Freude, der Lebenslust und der Inspiration vermitteln, die wir und unsere Partner, Klienten und Freunde immer wieder spüren – in Seminaren, Einzelsitzungen und natürlich auch in unseren eigenen Beziehungen –, wenn wir uns auf das Wesentliche im *»Tarot der Liebe«* beziehen.

Wesentlich im *»Tarot der Liebe«* sind Offenheit, Lernwilligkeit, Mitgefühl für andere und *für sich selbst* sowie die Bereitschaft, das ganze Leben mitsamt den komplexen, oft komplizierten und herausfordernd leidenschaftlichen Partnerschaftsbeziehungen als eine großartige Chance anzusehen: die Chance, jeden Tag, jede Stunde neue Wunder zu erleben, zu geben und zu nehmen, schöpferisch an einer besseren Welt im Kleinen und damit auch im Großen mitzubauen – und dabei auch noch Spaß zu haben!

Danksagung

Zu guter Letzt möchten wir danken:

- Ihnen, weil Sie sich für das *»Tarot der Liebe«* interessiert haben. Mit Ihrem Interesse, Ihren positiven Gedanken und Ihrer Schwingung helfen Sie mit, lebensbejahende, konstruktive Ansätze einer bewußteren Weltsicht und Lebensführung aktiv zu fördern. Wenn Sie mit dieser Einstellung das *»Tarot der Liebe«* benutzen, wird es Ihnen viel Freude und Segen bringen können.
- Den vielen Menschen, die uns auf unserem Weg zu einer positiven Lebenssicht und entsprechenden Darstellungen des *»Tarots der Liebe«* geholfen haben – unseren Freunden und Lehrern, die zu zahlreich sind, um sie alle namentlich anzuführen. Sie werden sich auch so angesprochen wissen.
- Und nicht zuletzt ein herzlicher Dank an unsere Verleger und die Mitarbeiter des Ariston Verlages, die uns mit sehr viel Liebe, Enthusiasmus, Einfühlungsvermögen und Vertrauen ermuntert und geholfen haben; sowie an die Mitarbeiter der AG Müller, die sich so vehement für die Karten von Marcia Perry eingesetzt haben.

Danke!

Hinweise zu Literatur, Tarotkarten und Seminaren

Literaturhinweise – eine kleine Auswahl:

Bernd A. Mertz, *Astrologie und Tarot*, Ansata-Verlag – das beste bislang erhältliche Buch zur Beziehung zwischen Tarot und Astrologie, bezogen nur auf die Karten der Großen Arkana.

Bernd A. Mertz, *Karma im Tarot*, Ansata-Verlag – das beste und bislang einzige Buch, das mit den Tarotkarten nicht in die Zukunft, sondern in die Vergangenheit blicken läßt.

Bernd A. Mertz, *Die Magie der Zahlen*, Falken-Verlag – ein in sich logisches und übersichtliches Buch über Numerologie.

M. Montano, *Tarot – Spiegel des Lebens*, Urania-Verlag – psychologische Erläuterungen zum Rider-Waite-Tarot.

S. Nichols, *Die Psychologie des Tarot*, Ansata-Verlag – das beste Tarotbuch auf der Grundlage der C. G. Jungschen Psychologie, das allerdings *nur* die Karten der Großen Arkana behandelt.

A. E. Waite, *Der Bilderschlüssel zum Tarot*, Urania-Verlag – Waites eigene Erläuterungen zum Rider-Waite-Tarot.

Gerd Ziegler, *Tarot – Spiegel der Seele*, Urania-Verlag – Erklärungen eines esoterischen Tarots zu den Crowley-Karten.

Hinweise zu verschiedenen Tarotkartenspielen:

Tarot der Liebe – von Marcia Perry, nach Angaben von Wulfing von Rohr und Gayan S. Winter; auch als Einzel-Set mit Anleitung erhältlich (Ariston Verlag, Genf/München; AG Müller, Neuhausen, Schweiz).

Rider-Waite-Tarot – von Pamela Colman Smith, nach Angaben von A. E. Waite; in verschiedenen Größen erhältlich mit Anleitung oder auch als Set mit Handbuch (AG Müller).

Crowley-Tarot – von Lady Frieda Harris, nach Angaben von Aleister Crowley; in verschiedenen Größen erhältlich mit Anleitung oder auch als Set mit Handbuch (AG Müller).

Wenn Sie zum ersten Mal Tarotkarten kaufen, gehen Sie am besten in eine gute Buchhandlung und sehen sich in Ruhe unter den dort ausliegenden Spielen und Büchern um. Lassen Sie die Bilder, die Figuren und die Farben, die Energie der verschiedenen Karten auf sich wirken!

Seminarinformationen

Gayan S. Winter und Wulfing von Rohr halten auch Seminare für Anfänger und Fortgeschrittene ab zu den Themen:
»Tarot der Liebe« – Tarot als Hilfe in der Partnerschaft
»Tarot und Transformation« – Tarot zur Selbstverwirklichung
»Medialer Tarot« – Tarot zur Schulung der intuitiven Kräfte
Gelegentlich besteht auch die Möglichkeit zu Einzelsitzungen.

Über Termine informiert Sie: die Presseabteilung des Ariston Verlags in Köln, Telephon (0221) 237778 und 236214.

Die Abbildungen und Karten

Die acht Farbtafeln in diesem Buch zeigen Ihnen die 23 Bildmotive der Großen Arkana sowie die Kartenrückseite des »Tarots der Liebe« in der Gestaltung von Marcia Perry. Die erläuternden Beschreibungen dieser Karten lesen Sie unter dem jeweiligen Namen der Karte im Kapitel II dieses Buches.

Außerdem finden Sie in der Einstecktasche am Schluß des Buches das vollständige Kartenspiel.